KB096851

셰어하우스 시대가 온다

셰어하우스 시대가 온다

지은이 김결(달토끼야)
1판 1쇄 인쇄 2017년 09월 25일
1판 1쇄 발행 2017년 10월 15일

펴낸곳 트러스트북스
펴낸이 박현

등록번호 제2014-000225호
등록일자 2013년 12월 3일

주소 서울시 마포구 서교동 성미산로2길 33 성광빌딩 202호
전화 (02) 322-3409
팩스 (02) 6933-6505
이메일 trustbooks@naver.com

값 16,000원
ISBN 979-11-87993-33-9 03320

믿고 보는 책, 트러스트북스는 독자 여러분의 의견을 소중히 여기며,
출판에 뜻이 있는 분들의 원고를 기다리고 있습니다.

빈방 왜 놀려?
건물 없이도 건물주보다
월세 많이 받는

셰어하우스
시대가 온다

김결(필명 달토끼야) 지음

트러스트북스

저자와의 인터뷰

누구나 소자본으로 운영이 가능한, 셰어하우스를 소개합니다

Q **셰어하우스라는 말은 들어봤지만 그 개념은 아직 생소합니다. 셰어하우스가**
무엇인지 설명해 주세요.

셰어하우스는 국내의 경우 그 개념이 생소한 것이 사실입니다. 따라서 아직까
지 명확히 정의된 개념은 없습니다. 하지만 본질적인 기능 면에서 정의하면
다음과 같습니다. 셰어하우스(Share House)란 말 그대로 "집을 공유한다"는 뜻
입니다. 즉 거실, 주방, 화장실 등 공용 공간은 입주자들이 공동으로 생활하고
방은 각자 사용하여 어느 정도 독립된 생활이 가능한 주거형태를 의미합니다.
이러한 셰어하우스는 유럽, 호주, 일본 등 선진국에서는 이미 오래 전부터 보
편적이면서 자연스러운 주거형태로 자리잡아 왔습니다. 최근 1인가구가 빠르
게 증가하고 있고 혼자 살 집을 구해 거주하기에는 국내의 집 값은 상당히 부
담스러운 것이 사실입니다. 게다가 최근 청년 주거문제가 주요한 사회 문제로
대두되면서 이러한 문제들을 해결하기 위한 실질적인 대안으로 셰어하우스라
는 개념이 주목 받기 시작했습니다. 따라서 이제는 국내에서도 점점 셰어하우
스를 찾는 사람들이 늘고 있습니다. 가장 큰 이유는 저렴한 보증금과 월세입
니다. 일반적으로 셰어하우스의 경우 보증금은 한두 달치 월세 혹은 무보증금
으로 운영됩니다. 월세 또한 일반 원룸보다 훨씬 저렴한 편입니다. 서울의 경
우 원룸을 기준으로 했을 때 평균 보증금은 2016년 기준 1450만원으로 조사
되었습니다. 그리고 월세는 평균 49만원으로 조사되었습니다. 1000만원이 넘

는 보증금은 혼자 생활하는 사람이 부담하기에는 상당이 부담스러운 금액입니다. 게다가 셰어하우스를 주로 이용하는 사람들은 사회초년생인 경우가 대부분이기 때문에 비싼 보증금과 월세는 큰 부담으로 다가옵니다.

따라서 최근 경제적이면서 쾌적한 새로운 주거 패러다임으로 떠오르고 있는 셰어하우스는 신선하면서도 고마운 주거형태라 할 수 있습니다.

Q **셰어하우스를 운영하려면 자본금이 많이 드나요? 저는 집이 없는데 어떻게 셰어하우스를 운영할 수 있죠?**

실제로 가장 많은 분들이 하는 질문이기도 합니다. 물론 운영하는 형태와 상황에 따라 소요되는 자본금은 모두 다릅니다. 하지만 가장 먼저 하고 싶은 말은 집이 없어도 그리고 적은 자본금으로 충분히 운영이 가능하다는 것입니다. '나는 집도 없고 모아놓은 돈도 부족한데 과연 운영할 수 있을까? 불가능하진 않을까?' 지레짐작하고 셰어하우스 운영을 포기하시는 분들도 계실 거라 생각합니다. 하지만 결론을 먼저 말씀 드리면 본인 소유의 집이 있는 경우 약 500만원의 비용으로도 셰어하우스 운영이 가능합니다. 그리고 본인 소유의 집이 없더라도 임차하여 운영할 경우 셰어하우스 운영을 통해 1년 안에 임차보증금과 투자비용을 모두 회수하고도 이를 훨씬 상회하는 수익을 얻을 수 있습니다. 즉 적은 금액으로도 얼마든지 셰어하우스 운영을 할 수 있습니다.

저는 현재 홍대와 강남지역에서 4개의 셰어하우스를 운영하고 있습니다. 초반 리모델링 과정에서부터 인테리어, 입주자 모집까지 모든 과정을 혼자 스스로 진행했습니다. 큰 공사가 요구되는 리모델링 과정은 개인적으로 업체를 선정해 진행했고 인테리어 디자인의 경우 도배 및 장판의 디자인과 컬러 그리고 가구, 소품 등을 모두 셀프로 주문하고 진행했습니다. 낡고 허름했던 집이 상상한대로 아름답게 변해가는 과정을 지켜보는 것은 정말로 보람 있고 행복한 일이었습니다.

그리고 현재 공실 없이 성공적으로 셰어하우스를 운영하고 있습니다. 무엇보다 행복하게 지내고 있는 입주자들을 보면서 인생에서 가장 큰 보람을 느낍니다. 성공적인 셰어하우스 운영을 위한 생생한 운영 방법과 구체적인 수익률은 이 책에서 자세히 소개하고 있습니다. 즉 이 책에 소개되어 있는 초기 리모델링 및 셀프 인테리어 과정에서부터 셰어하우스 홍보 방법, 그리고 입주자 모집까지 그 모든 과정을 있는 그대로 진행만 하면 성공적인 셰어하우스를 운영하는데 큰 도움이 되리라 확신합니다.

Q 저는 직장인입니다. 부업을 할까도 생각했지만 시간이 나지 않습니다. 그런데도 부업으로 할 만한 일을 찾고 있는데, 셰어하우스가 답이 될까요?

대부분의 직장인들은 바쁜 생활을 하기에 사실 투자를 위한 시간을 따로 할애하는 것이 부담스러운 경우가 많습니다. 하지만 직장인들도 셰어하우스에 조금만 집중하면 충분히 운영이 가능합니다. 실제로 셰어하우스를 운영하는 분들 중에 직장인도 상당히 많습니다. 물론 처음 해보는 일들이라면 익숙하지 않은 것은 사실이지만 작게는 인테리어부터 크게는 리모델링까지 한 순환만 돌리면 그 이후에는 훨씬 수월하게 운영할 수 있습니다.

사회 초년생인 2030세대의 직장인들은 물론 5060은퇴시기를 맞은 직장인들까지 누구나 미래에 대한 불안감을 가지고 있습니다. 가장 큰 이유는 무엇보다 직장을 그만두더라도 충분히 생활이 가능할 만큼의 경제 소득을 과연 얻을 수 있는지 여부일 것입니다. 직장생활에서 얻는 월급 이외에 꾸준히 들어오는 월세 시스템을 가질 수 있다면 정말 든든할 것입니다. 이런 면에서 셰어하우스를 운영하면 그 어떤 월세 시스템보다 몇 배의 수익을 안겨주면서도 보람까지 느낄 수 있습니다. 기본적으로 셰어하우스는 임차인과 임대인이 win-win하는 선순환 시스템이기 때문입니다. 셰어하우스는 자본주의 사회에서 찾아보기 힘든 아름다운 주거시스템이라고 생각합니다.

비단 직장인뿐만이 아닙니다. 창업에 관심이 많은 학생, 노후대비 든든한 월세수익을 얻고자 하는 5060세대, 재테크에 관심이 많은 주부 등 누구나 셰어하우스 운영을 통해 든든한 경제적 자유를 얻을 수 있습니다.

Q 저자님은 셰어하우스 외에 다른 직업이 있는지요?

사실 저는 셰어하우스를 운영하기 전에는 성취감보다는 힘든 일들이 훨씬 많았습니다. '이렇게까지 노력하는데 왜 되는 일이 별로 없을까? 내 인생은 원래 잘 안 풀리는 건가?' 하고 크게 좌절하던 시기도 있었습니다. 20대 풋풋한 시절의 대부분을 시험 준비로 보냈고, 정말 최선을 다했던 시험에 4년을 연속해서 4번이나 떨어졌습니다. 가끔은 방황하기도 했고 오랜 시간 고독에 휩싸인 적도 있었습니다. 하지만 최선을 다했기에 시험을 그만둘 수 있었습니다. 그리고 이후에는 무너진 자존감을 회복하기 위해 꼭 하고 싶은 일들을 노트에 적었고 하나씩 실행하기 시작했습니다.

가장 처음 했던 일은 꿈에 그리던 히말라야 트래킹이었습니다. 첫 해외여행이었습니다. 네팔 포카라에서 시작한 트래킹은 어떤 수단에도 의존하지 않고 오로지 걸어서 올라갔습니다. 트래킹 목적지에서 바라본 히말라야 산맥들은 정말 장엄하고 마치 걸작을 보는 듯했습니다. 그리고 저는 기도했습니다. 앞으로 어떤 일들이 일어날지는 모르지만 잘 이겨낼 힘을 달라고 말이죠. 이후 취업을 했고 직장생활을 했습니다. 직장생활을 하면서도 한동안 과외로 투잡을 뛰기도 했습니다. 쉽지는 않았지만 보람 있었습니다.

이후 셰어하우스 운영을 시작하게 되면서 밝고 건강한 제2의 인생을 시작했습니다. 사실 처음 해보는 일들이라 처음에는 괴롭고 힘든 일들이 많았습니다. 힘든 과정 중에는 몸과 마음이 많이 지치기도 했습니다. 하지만 마음을 추스르고 냉정하게 하나씩 문제를 분석하고 실행에 옮겼습니다. 초기 리모델링 과정에서부터 소품 하나하나 스스로 디자인한 인테리어 과정까지 생생하게 경험했습니다. 셰어하우스 홍보와 입주자 모집까지 모두 스스로 진행했습니다.

그렇게 부동산 투자에 관한 지식과 인테리어 경험이 거의 전무하다시피 했던 저는 현재 직장을 그만두고 홍대와 강남 지역에 4개의 셰어하우스를 운영하고 있습니다. 직장생활을 할 때는 꿈도 꾸지 못했던 하루 24시간을 자유롭게 스스로 결정해서 보내고 있습니다. 직장생활을 하지 않아도 여유로운 생활이 가능할 만큼의 수익도 얻고 있습니다. 돌이켜보면 정말 놀랍고도 감사한 마음이 듭니다. 무엇보다 입주자들이 저렴한 비용으로 아름답고 쾌적한 집에서 마음 편하게 지내는 모습을 보면서 감동과 보람을 느끼고 있습니다.

Q **셰어하우스의 인기는 점점 높아질까요? 새 정부가 출범하면서 부동산은 끝났다는 의견이 종종 들려옵니다. 이 시기에 대안이 될 수 있는지 궁금합니다.**

최근 정부에서 내놓은 8.2 부동산 대책이 사회적으로 큰 이슈입니다. 8.2 부동산 대책에 대해 여러 의견들이 있지만 어떤 경우이든 집을 여러 채 소유한 사람들에게 부담이 되는 것만은 확실합니다. 8.2 부동산 대책이 부동산 투자에 있어 큰 변수로 다가오면서 많은 사람들이 앞으로 어떻게 부동산 투자를 해야 할지 많은 고민을 하는 것 같습니다.

그렇다면 8.2 부동산 대책은 셰어하우스를 운영하는 데 불리한 변수로 작용할까요? 대답은 물론 '아니오'입니다. 가장 큰 이유는 셰어하우스는 본인 소유의 집이 없어도 운영이 얼마든지 가능하기 때문입니다. 그러므로 집을 소유하는 것에 따르는 리스크 없이 높은 수익률 달성이 가능합니다. 즉 실질적으로 8.2 부동산 대책의 영향을 받지 않는다고 볼 수 있겠습니다. 오히려 위축된 부동산 시장에서 틈새시장이 되면서도 청년들의 주거문제 또한 해결할 수 있는 일석이조의 최고의 투자방법이라고 생각합니다.

개인적으로 셰어하우스는 앞으로 계속 진화하고 발전해 나갈 것이라고 생각합니다. 일본의 경우 초고령화 사회에 진입하면서 노년층의 1인가구가 지속적으로 증가하고 있습니다. 이에 여러 기업들이 앞다투어 실버 계층을 위한 셰어하우스 사업에 많은 투자를 진행하고 있습니다. 우리나라도 최근 정부 차원에서 급증하는 1인 가구와 사회 초년생들의 주거문제 해결을 위한 방법으로 셰어하우스를 일부 그 대안으로 바라보고 있습니다. 구체적인 사업 내용은 이 책에서 자세히 소개하고 있습니다.

Q 저자님의 꿈과 앞으로의 계획은 무엇인가요?

제 꿈은 지치고 힘든 사람들에게 살아갈 힘을 주는 존재가 되는 것입니다. 구체적으로 말씀 드리면 앞서 언급한 비전을 가진 사회적 기업가가 되는 것이 목표입니다. 셰어하우스 운영을 시작하게 된 계기 역시 이 진심에서 출발했습니다. 세상살이가 고되고 지치고 슬프고 외로울 때가 있습니다. 그렇게 힘든 하루하루를 마치면 집으로 돌아옵니다. 제가 모든 사람의 아픔을 이해하고 상처를 치유할 수는 없겠지만 적어도 하루를 마무리하고 시작하는 집이 따뜻하고 쾌적하다면 조금이나마 도움이 될 거라고 생각했습니다. 그래서 그 마음을 담아 셰어하우스를 준비했고 부족하지만 하나부터 열까지 최선을 다했습니다. 그리고 지금은 행복이 가득한 셰어하우스를 성공적으로 운영하고 있습니다. 구체적으로 앞으로 어떤 활동을 하게 될지 정확하게 예상할 수는 없겠지만 무엇을 하더라도 저는 이 마음을 중심으로 활동할 계획입니다. 지금은 셰어하우스 운영을 통해 그 꿈을 조금씩 현실화하고 있습니다. 마지막으로 지치고 힘든 일들을 겪고 계신 분들께 전하고 싶은 말이 있습니다. "아픔을 승화하면 걸작이 된다."

지금 만족하는가?
그게 아니면 지금 당장 시작하라

내가 대학생이던 시절에는 25살 복학생들만 봐도 모든 분야에서 나보다 훨씬 많이 아는 존재 같았다. 그 나이는 대학교를 졸업하고 취업해 사회생활을 시작하는 시기라고 생각했기 때문이다. 당시의 나는 서른이 넘은 사람들을 생각하면 이런 이미지를 떠올렸다. 가정을 꾸리고 아이가 있다, 그리고 배가 약간 나왔다, 이런저런 세상 풍파를 두루 겪어 어지간한 일에 섣불리 반응하지 않는 삶의 지혜를 가지고 있다……. 그만큼 뭘 잘 모르던 시절 내 눈에 비친 30대는, 완벽하진 않더라도 자신만의 커리어를 잘 쌓아가고 있는 것 같았다. 하지만 지금 현재 대한민국의 2030 세대가 실제로 그런 삶을 살고 있는가? 이 질문에 망설임 없이 "그렇다"고 답할 수 있는 사람은 많지 않을 것이다. 비단 30대뿐만이 아니다. '100세 시대'가 코앞에 닥친 5060세대 역시 미래에 대한 불안 속에서 살기는 마찬가지다.

최근 청년들을 일컬어 포기해야 할게 많은 '5포 세대, N포 세대'라 부른다. 나 또한 여기에 해당한다. 내 어린 시절과 20대 역시 행복한 기억보다는 아프고 힘든 기억이 더 많은 것도 사실이다. 흔히 말하는 '흙수저'인 데다 남보다 뛰어난 능력도 없었다. 전문가가 되고 싶어 최선을 다한 시험도 4번이나 연속해서 떨어졌다. 그야말로 안타까운 시절을 보냈다. 직장생활도 해봤지만 영혼이 없는 상사들의 눈을 보면서 내 미래의 모습을 보는 것 같아 두려워지기 시작했다. 실패로 얼룩졌지만 그래도 꿈꾸고 도전하고 깨져봤던 이전 시절이 그리워지기 시작했던 것이다. 월급의 달콤한 유혹을 뿌리치기는 정말 어려웠지만 결국 직장을 그만두었고 현재 셰어하우스 사업으로 제2의 인생을 시작했다.

이제 더 이상 살아지는 인생이 아닌 내가 선택하고 살아가는 삶이 되었다. 현재 나는 서울 홍대와 강남에 4개의 셰어하우스를 운영하면서 직장생활 당시 월급의 최소 2배가 넘는 월세를 받고 있다. 즉 셰어하우스 사업을 통해 경제적 자유를 얻음과 동시에 내 24시간을 내 의지대로 자유롭게 사용할 수 있는 삶을 살게 된 것이다. 여기서 사람들은 이런 생각을 할 것이다. '나도 과연 그렇게 할 수 있을까?' 이 질문에 주저 없이 대답할 수 있다. "당연히 할 수 있다. 아니 더 잘할 수 있다"라고 말이다.

이 책의 주제이자 나의 사업 분야인 셰어하우스에 대해 이야기하고자 한다. 셰어하우스란 거실과 화장실 등 공간은 공유하고 각자 방은 따로 사용하는, 이를테면 과거 하숙의 개념과 비슷하다. 최근 1인가구가 급증하고 갈수록 늘어나는 주거비용으로 인해 보증금이 작고 월세가 비교적 저렴한 셰어하우스를 선호하는 사람들이 증가하고 있다. 특히 서울에 거주하는 대학생의 경우 원룸을 구하려면 최소 보증금 1000만원 이상에 월세 50만원은 지불해야 한다. 하지만 보증금 1000만원은 학생들이 부담하기에는 너무 큰 금액이다. 특히 혼자 거주하는 여성의 경우 쉽게 범죄의 표적이 될 수 있어 여럿이 모여 사는 셰어하우스의 인기가 점점 증가하고 있는 추세다. 국내뿐 아니라 호주, 유럽, 일본 등 선진국에서 셰어하우스는 이미 보편적인 주거 트렌드로 자리 잡은 지 오래다.

그렇다면 이러한 셰어하우스를 운영하려면 어떻게 해야 할까? 흔히 셰어하우스를 운영하려면 자기 소유의 집이 있어야 한다고 생각하기 쉽지만 절대 그렇지 않다. 한 예로 자기 소유의 집이 없어도 서울의 역세권에 셰어하우스를 초기 자본 2000만원 정도면 운영할 수 있다. 만약 본인 소유의 집이 있을 경우 500만원 정도의 투자비용으로 매달 월세 100만원 이상을 받을 수 있다. 그게 사실인지 반문하는 분들이 있을 것이라 생각한다. 하지만 가능하다. 심지어 셰어하우스를 운영하면 짧은 기간에 투자금을 전부 회수하고 지속적으로 더 큰 수익을 얻는 것이 가능하다. 그 노하우와 공식이 이 책에 소개되어 있다. 따라서 셰어하우스 운영을 희망하는 현재 직장인, 예비 창업자, 주부, 퇴직자 등 모든 사람에게 이 책은 특별한 선물이 될 것이라고 확신한다.

내 꿈은 지치고 힘든 하루하루를 보내는 분들에게 조금이나마 살아갈 힘을 주는 존재가 되는 것이다. 고단한 하루를 마치고 나면 누구나 집으로 돌아온다. 그렇게 잠시 머무는 집에서만이라도 외롭지 않고 편안하고 기분 좋게 보낼 수 있다면 조금은 위안이 될 거라고 믿는다. 이것이 내가 셰어하우스를 시작한 이유이고 내 인생의 소명이기도 하다.

마지막으로 이 책을 읽는 독자 분들에게 묻고 싶은 질문이 있다. "지금 현재에 만족하시나요?"라고 말이다. 만약 그렇지 않다는 생각이 조금이라도 든다면 해드리고 싶은 말은 이렇다.

"지금 당장 시작하세요. 움직이는 만큼 반드시 길이 열립니다."

· 1부 ·

왜 당장 셰어하우스를
시작해야 하는가?

01

골치 아픈 반지하 셰어하우스라는 신세계를 만나다

어쩌다 시작한 셰어하우스 홍대 1호점

나는 어렸을 때 부모님께 "돈 버는 게 얼마나 힘든지 아니? 남들도 하기 싫은데도 다 그러고 살아"라는 말을 자주 들었다. 그 말을 들을 때면 자신이 작아지는 느낌이 들고 세상과 나 사이에 큰 벽이 하나 생기는 것 같은 기분이었다. 실제로 부모님은 늘 바쁘셨고 힘들게 일하며 돈을 버셨다. 그런 부모님의 모습을 볼 때면 답답하고 죄송스런 마음이 들기도 했다. 하지만 그런 느낌과 별개로 나는 부모님이 자주 하셨던 저 말들을 정말로 싫어했고 단 한 번도 동의한 적이 없다. 아무리 현실이 최악의 상황이라고 해도 그렇게 살고 싶진 않았던 것이다. 본능적으로 그건 자신의 삶에 대해 그리고 세상에 대해 무책임한 태도라고 생각했다. 그런 태도로 삶을 살면 내가 사는 것이 아닌 살아지는 삶이 되기 때문이다. 늘 그럴 수는 없겠지만 나는 밝은 마음으로 꿈을 꾸고 행동하고 그 과정에서 일어난 모든 일에서 의미를 찾으며 최선을 다해 살고 싶었다. 그게 내가 생각하는 진정한 삶의 의미이자 행복이기 때문이다.

모든 사람을 다 이해할 순 없지만 요즘 세상살이가 힘들다고들 한다. 취업은 점점 어려워지고 내가 알면 남들도 귀신같이 아는 요즘은 어딜 가나 늘 경쟁이다. 취업하기 전에는 취업만 하면 모든 문제가 다 해결될 것 같다. 하지만 막상 취업하고 나면 또 다른 고민이 시작된다. 이 과정에서 어떤 사람은 이직을 꿈꾸기도 하고 어떤 사람은 퇴사를 준비하기도 한다. 또 어떤 사람은 퇴직할 때까지 직장생활을 유지한다. 어떤 선택을 하든 결국 근본적인 고민은 비슷하다. 그것은 바로 미래가 불안하지 않길 바라는 것이다.

누구나 경제적 자유를 꿈꾸고, 그 경제적 자유를 얻기 위한 수단은 많다. 주식, 부동산, 은행, 보험 등이 대표적이다. 개인적으로 나는 여러 재테크 수단 중에서 부동산을 선택했다. 이유는 다른 재테크 수단에 비해 외부변수의 영향이 크지 않고 비교적 안정적이라고 생각했기 때문이다. 예전에는 부동산 재테크라고 하면 퇴직을 앞둔 세대들이 노후준비를 하기 위해 필요한 과정으로 생각했다. 그래서 부동산은 주로 은퇴를 앞둔 5060세대들이 준비하는 경우가 대부분이었다. 하지만 이제는 3~40대, 심지어 20대 젊은 직장인들도 부동산 재테크를 준비하는 경우가 눈에 띄게 증가하고 있다. 나도 마찬가지로 경제적 자유를 원했다. 더불어 지치고 힘든 사람들에게 살아갈 힘을 주는 사회적 기업가가 되고 싶다는 꿈이 있었다. 하지만 이런 꿈을 이루기에는 관련된 지식과 경험이 많이 부족했다. 그래서 주말에 시간이 날 때면 틈틈이 서점에 가서 관련 분야의 책도 읽어보고 재테크 관련 특강을 종종 수강하기도 했다. 하지만 실천으로 옮겨보지 않은 지식은 사실 크게 와 닿지 않았다. 행동으로 옮기지 않는 지식은 의미가 없다는 사실을 느끼고 다소 무모하지만 일단 뭐든 행동으로 옮겨보기로 했다. 그렇게 홍대에서 셰어하우스 1호점을 시작하게 되었다.

나는 어린 시절부터 현재까지 20년 이상을 홍대 인근에서 거주하고 있다. 오랫동안 한 지역에서 살면 그 동네가 지겨워지기 마련인데 나는 질리기는커녕 아직도 이곳이 좋다. 가장 큰 이유는 홍대는 자기만의 색깔이 있기 때문이다. 보통 인위적으로 조성한 신도시의 경우 편리하고 쾌적하다는 장점이 있지만 각종 프랜차이즈로 빽빽한 모습은 조금은 답답해 보이기도 한다. 하지만 홍대는 다르다. 물론 어디에서나 볼 수 있는 상점들이 많지만 곳곳에 자기만의 색깔이 있는 가게들이 많다. 평소 인테리어와 디자인에 관심이 많았던 나는 이런 자기색깔이 있는 건물과 상점을 보기만 해도 온 몸에 엔돌핀이 샘솟는다.

나는 오래 전부터 '홍대에 내 집을 마련할 수 있다면 얼마나 좋을 까?' 라는 생각을 자주 했다. 그런 생각을 할 당시 부동산에 관한 나의 지식은 전무했다. 그저 집 근처 공인중개사 사무실 유리창에 붙어 있는 매물광고를 구경하는 정도였다. 한마디로 뭔가 투자는 하고 싶은데 도무지 어디서부터 어떻게 시작해야 할지 감이 오질 않았다. 그러던 어느 날 인터넷 포탈 사이트로 부동산을 검색했다. 지역의 지도는 물론 각종 사진과 부동산 시세가 상세히 나와 있었다. 처음에는 가볍게 검색하다가 내가 잘 아는 지역에 내가 가진 돈으로도 살 만한 매물이 눈에 띄었다. 간단하게 집을 리모델링하고 임차인을 받고 싶다고 생각한 나는 3개의 매물을 눈 여겨 보았고, 주말이 되자 지도에 나온 매물을 직접 보러 갔다.

세 개의 물건은 가장 저렴한 매물이었던지라 모두 허름한 빌라에 반지하였다. 일반적으로 반지하라고 하면 좋은 느낌보다는 칙칙한 느낌으로 다가오는 것이 사실이다. 곰팡이, 그늘, 하자, 사생활침해 등 부정적인 단어가 먼저 떠오른다. 예전부터 상대적으로 여유가 없는 사람들이 거주하는 공간이라는 인식이 크기 때문이라고 생각한다. 각종 드라마 등 매체에서도 생활이 어려운 사람들을 극중 반지하에 사는 것으로 설정하는 경우가 많다. 하지만 나는 이 지역에서 깔끔하고 좋은 빌라를 매입할 금전적 여유가 없었다. 그리고 현대 리모델링 기술을 믿고 있었기에 반지하라는 사실을 크게 문제 삼지 않았다. 이렇게 내 첫 부동산 임장을 했다.

3개의 물건 중 처음 간 곳은 홍대 번화가에 있는 빌라로 지하철역에서는 조금 떨어진 곳에 위치하고 있었다. 주변에 편의시설은 충분했지만 골목 안쪽에 깊숙이 자리 잡고 있어 채광이 좋지 않았다. 나는 용기를 내어 집에 사람이 있는지 확인하고자 문을 두드렸다. 다행히 사람이 있었다. 상대방 입장에서 나의 등장은 예고도 없이 찾아온 터라 낯설고 불쾌할 수 있을 것 같았다. 나는 최대한 예의를 차려야겠다고 생각했다. 입주자가 거부감을 덜 느끼게 하기 위해 주변에 직장이 있어 집을 구하고 있는데 인터넷에 올라와 있는 정보를 보고 왔다고 이야기했다. 다행히 임차인은 선뜻 집을 보여주었다.

　집은 오래되고 관리되지 않은 가구와 가전으로 버겁게 채워져 있었다. 최대한 물건들을 배제하고 모두 비워냈을 때의 민낯을 상상해 보았다. 내가 리모델링을 했을 경우 어떤 그림이 나올지를 계속 상상하면서 집을 꼼꼼히 살펴봤다. 하지만 그에 앞서 집 전체가 많이 습한 느낌이 들었고 어두워서 아무리 리모델링을 잘한다고 한들 쾌적한 집이 될 것 같지 않았다. 임차인에게 인사한 후 다음 집을 찾아갔다.

　두 번째 집은 지하철과 상당히 가까운 곳에 위치한 데다 버스정류장은 걸어서 1분 정도 거리에 있는 등 교통 조건은 최상이었다. 출입구도 넓고 채광도 좋아 앞서 본 집처럼 어둡고 눅눅한 느낌이 들지 않았다. 뭔가 양지바른 따뜻한 기운이 느껴지는 집이었다. 위치를 확인한 순간 나도 모르게 "아, 여기 좋다!"라는 말이 튀어나왔다.

반지하에는 집이 두 채가 나란히 붙어 있었는데 인터넷 정보만으로는 어느 집이 해당 물건인지 헷갈렸다. 어떻게 해야 할지 대문 앞에서 서성이던 중 어떤 할아버지께서 집을 유심히 보고 있는 나를 이상한 눈으로 쳐다보며 무슨 일이냐고 물으셨다. 나는 이때다 싶어 그분에게 "혹시 여기 집 내놓은 곳이 있나요?"라고 물었다. 어르신은 한 3초 정도 생각하시더니 본인이 내놓았다며 집을 보여주겠다고 하셨다. 그렇게 어르신과 함께 집을 구경했다.

집 안을 살펴보니 붙박이장이나 기본 설비들은 오래되어 휘거나 무너져 내린 것들이 많았지만 집 분위기나 채광 그리고 습도가 나쁘지 않았다. 집안 곳곳에는 노부부의 투철한 절약정신이 묻어 있었다. 집안 물건들은 상당히 오래돼 보였지만 깔끔하게 정돈되어 있었다. 무엇보다 어르신의 솔직하고 밝아 보이는 성격이 마음에 들었다. 친절하신 어르신의 배려로 집안 곳곳을 잘 확인할 수 있었고, 리모델링이 안 되어 있으니 인터넷으로 확인한 가격보다 1000만원을 더 할인해준다고 하셨다. 나는 이미 이 집이 마음에 들었기에 하나 남은 마지막 빌라를 둘러보기도 전에 마음속으로 결정을 내렸다. 그저 동네 구경 삼아 마지막 빌라로 향했다. 하지만 문을 두드려보니 사람이 없었고 외관이나 분위기로 보았을 때 이전에 본 집이 훨씬 마음에 들어 더는 고민하지 않기로 마음먹었다. 그렇게 나는 최초로 인터넷으로 반지하 물건을 검색하고 내 맘대로 임장을 했다.

뿌듯한 마음과 함께 처음으로 리모델링이라는 것을 할 생각에 가

슴이 두근거렸다. 임차인도 받는 상상을 하면서 부동산 매매계약을 마쳤다. 하지만 그때까지만 해도 앞으로 어떤 일이 벌어질지 전혀 예상하지 못했다.

위기 속에서 피어난 출구전략, 드디어 셰어하우스를 시작하다
—

계약을 마친 뒤 바로 인테리어를 어떻게 시작할지 고민했다. 당시만 해도 인테리어 분야에 대해 지식이 전무했기 때문에 가장 좋은 방법은 업체에게 맡기는 거라고 생각했다. 그래서 인테리어 분야에서 일하는 지인의 소개를 통해 알게 된 업자와 공사를 진행하기로 했다. 하지만 그 업체는 정말 나를 힘들게 했다. 지금도 그때를 떠올리면 흰머리가 생길 것 같은 느낌이다.

지인이 소개해 준 업체로부터 난생 처음으로 인테리어 견적서를 받았다. 화장실, 거실, 전등 등 품목이 단순하게 엑셀로 정리되어 있었다.

견적서를 정리한 표를 보면 인테리어 계약서라고 하기엔 상당히 심플하다. 각 항목에 대한 공사범위와 사용되는 자재 종류도 상세하게 적혀 있지 않아 비용이 싼지 비싼지 비교할 수 없었다. 게다가 공사 진행 중 갑자기 복병이 튀어나와 추가공사를 진행하게 되는 경우

인테리어 견적서

품명	규격	수량	단위	단가	금액
샤시		1.0	1	4690000	4690000
화장실공사		1.0	1	2000000	2000000
현관 및 주방타일		1.0	1	400000	400000
방문		4.0	1	250000	1000000
방화문		1.0	1	300000	300000
수도배관 및 하수도		1.0	1	700000	700000
벽단열공사		1.0	1	900000	900000
몰딩		1.0	1	600000	600000
난방공사 및 보일러		1.0	1	3200000	3200000
벽미장					
기공		3.0	1	180000	540000
조공		2.0	1	120000	240000
시멘트		20.0	1	5000	100000
폐기물		1.0	1	400000	400000
부자재		1.0	1	200000	200000
공과잡비		1.0	1	300000	300000
합계					15,670,000

도 있었다. "이러이러한 문제가 있는데 공사하면 얼마 정도가 추가로 들어가게 된다. 할거냐, 말 거냐?" 이런 식이었다. 인테리어에 인자도 몰랐던 나는 안 하고 덮고 지나가면 나중에 더 큰 돈을 들여야 한다는 말에 울며 겨자 먹기로 추가공사를 진행했고 처음 받았던 견적서에 추가공사를 더하니 생각하지도 않은 금액이 나왔다.

매우 심플하게 구성된 계약서는 계약서로써의 역할을 할 수 없었다. 지인을 통해 상세내역서를 요구했지만 돌아온 대답은"상세내역서는 없다. 하지만 걱정하지 말라. 이 범위 내에서 다 맞춰서 해주기로 했으니 그대로 진행하자"였다. 경험이 없던 나는 찜찜했지만 일단 믿고 진행하기로 했다. 각 공사 별로 잘라 타 업체에 의뢰할 경우 오히려 비용이 더 들고 전체적인 하자보수를 맡길 수 없다는 말에 일단 이 업체를 통해 전체 공사를 진행했다.

하지만 아무리 생각해도 초과 비용의 리스크가 상당했다. 나는 이 반지하 빌라를 집주인의 배려로 1000만원 할인해서 매입했고, 기본 인테리어 수리 비용으로 700만원 정도를 예상했다. 하지만 실제로 나온 견적은 두 배가 넘는 1567만원이었다. 나는 이 금액으로 인테리어 공사를 마무리할 때의 수익률을 계산했다. 그랬더니 처음 집을 살 때 계산했던 수익률 대비 반 토막이 났다. 의미 없는 투자가 될 것 같았다. 만약 이대로 진행한다면 내 기준에서는 사실상 투자하는 보람이 없는 수익률이었다. 갑자기 의욕이 떨어지기 시작했다. 게다가 추가공사 이후 시작된 인테리어 업자들과의 기 싸움과 상호 불신으로 인해 정신은 지치고 황폐해져 갔다. 심지어 공사가 중간에 중단되어 공사 기간이 길어지기까지 했다. 상황은 점점 악화되고 고민은 점점 깊어만 갔다. 이대로는 안 된다는 생각이 하루 종일 머릿속에서 떠나질 않았다.

고민을 하던 중 내가 자주 가던 서점에서 한 권의 책이 눈에 띄었다. 셰어하우스에 관한 책이었다. 그 당시 나는 셰어하우스가 뭔지 전혀 몰랐다. 말 그대로 집을 공유하는 개념 정도로만 생각했다. 호기심에 그 책을 사서 읽었다. 셰어하우스란 거실 및 주방 등의 공간은 공동으로 이용하고 각자 방을 따로 사용해 개인적인 생활을 보장하는 주거 형태이다. 과거의 하숙집과 비슷한 느낌이었으나 그보다는 조금 더 신선하고 밝은 개념 같았다.

하지만 이때까지만 해도 직접 셰어하우스를 해보자는 생각은 크지 않았다. 왜냐하면 그때는 셰어하우스라는 개념이 지금보다 더욱 생소했기 때문이다. 설령 있다고 하더라도 대형 업체들이 관리하는 영역이라는 생각이 들었다. 그래서 섣불리 뛰어들면 위험할 수 있다는 우려도 들었다. 하지만 이미 답은 나와 있었다. 전략을 수정하지 않으면 원하지 않는 수익률을 안고 그대로 투자가 실패하는 상황이었다. 나는 그런 결과를 받아들이고 싶지 않았다. 그래서 한번 더 냉정하게 생각을 해본 후 바로 결론을 내렸다. 셰어하우스를 진행하기로 한 것이다.

어쩌다 시작한 셰어하우스로 1년도 되지 않아
월세 부자의 꿈을 이루다
—

셰어하우스를 진행하기로 한 당시만 해도 주변에서 내 계획을 긍정적으로 생각해 주는 사람은 거의 없었다. 소신으로 시작한다고 하더라도 예상보다 더 많은 비용이 들게 될 터였다. 셰어하우스는 기본적으로 침대, 냉장고, 세탁기, 에어컨 및 기타 생활에 필요한 생활용품을 모두 준비해야 하기 때문이다. 만약 입주자가 오지 않을 경우 나의 투자는 애초에 한 명의 임차인을 받기로 했을 때보다 수익률이 훨씬 낮아지게 되는 것이다.

여러 생각들이 들었지만 나는 내 판단에 확신이 있었다. 홍대는 내가 좋아하는 지역이고 젊은 층에 어필하는 감각 있는 인테리어로 시선을 끌면 분명히 모집이 될 거라고 생각했다. 하지만 주변 사람들은 모두 반대했다. 반지하에 누가 오려고 하겠냐, 돈만 낭비하는 거 아니냐 등 부정적인 이야기들뿐이었다. 이런 이야기를 들을 때마다 잘될 거라는 확신을 가지다가도 고독해지기도 했다. 입증이 되지 않았고 생소한 개념이기에 성공을 예상하기 힘들다는 것은 어쩌면 당연한 말이었을지도 모른다. 그렇게 나는 홀로 외롭게 셰어하우스 만들기를 시작했다.

셰어하우스 홍대 1호점을 준비하면서 가장 힘들었던 것은 인테리어 업자와의 트러블이었다. 중간에 자꾸만 추가 비용을 요구하는 인테리어 업자의 의견과 그 부분을 받아들이지 못했던 나는 결국 의견 충돌이 일어났다. 하지만 이후 작업자들과의 협의 끝에 공사를 잘 마무리했다. 우여곡절 끝에 완성한 나의 첫 번째 셰어하우스는 2주 만에 만실이 되었다. 나의 실험은 다행히 성공적이었다.

홍대 1호점이 오픈한 지 2주 만에 만실이 되었고 나는 이후 3개의 셰어하우스를 더 준비하고 오픈했다. 홍대 2호점은 전대차 계약으로 운영했다. 2호점을 계약한 사연은 조금 특별했다. 산책을 좋아하는 나는 평소 홍대 1호점 근처를 자주 돌아다녔다. 그런데 집 근처에 1호점 집과 비슷한 조건의 반지하 건물이 눈에 띄었는데, 그 집을 지날 때마다 항상 불이 꺼져 있었다. 거의 한 달이 넘게 불이 켜진 걸 본 적이 없었다. 사람이 살고 있는 집처럼 보이지 않았다. 1호점이 성공하고 난 이후 나는 주변 반지하 건물만 보면 그곳에 셰어하우스를 짓는 상상을 했다. 그 집도 마찬가지였다.

그러던 어느 날 저녁 그 집 앞을 지나가는데 불이 켜져 있었다. 정말 궁금해진 나는 집 앞에 가서 용기를 내어 문을 두드렸다. 지금 생각하면 어떻게 그런 행동을 할 수 있었는지 모르겠다. 한 아주머니가 문을 열어주셨다. 나는 혹시 집에 사람이 살고 있냐고 여쭤보았다. 집주인은 아직 임차인은 없고 현재 구하는 중이라고 하셨다. 아직 부동산에 올리지는 않았지만 계약할 생각 있으면 알려달라고 말씀하셨다. 그래서 며칠 뒤 집주인과 임대차 계약을 했고 그렇게 셰어하우스 홍대 2호점을 시작했다. 이렇게 시작한 홍대 2호점은 모집을 시작한 지 3주 만에 만실이 되었다. 1호점에 비해 늦게 입주가 완료되었지만 그래도 큰 보람을 느꼈다.

3호점은 공동투자를 통해 진행한 셰어하우스이다. 마찬가지로 네이버 부동산을 통해 빌라매물을 검색했고 교통 및 주변환경 등 입지가 마음에 들어 선택했다. 3호점도 오래된 주택이어서 전반적인 리모델링이 필요한 상태였다. 그래서 1호점처럼 업체를 통해 싱크대, 화장실 등을 시공했고, 오래된 창문은 새시로 교체했다. 시공 기간이 오래 걸려 오픈하기까지 한 달 넘는 시간이 걸렸다. 지금은 인근 직장인들을 중심으로 꾸준히 모집하고 있다.

강남지역에 위치한 4호점은 3호점과 마찬가지로 공동투자를 통해 진행한 셰어하우스이다. 3호점까지는 홍대 및 합정지역을 선택했지만 4호점은 강남지역을 선택했다. 우선 강남지역은 타 지역에 비해 월세가 비싸 셰어하우스 수요가 많을 거라고 판단했기 때문이다. 또한 여러 기업들이 밀집해 있어 직장인들이 넘쳐난다. 마지막으로 교통이 편리해 주변 핵심지역으로의 접근성이 좋다. 이 세 가지 이유만으로도 셰어하우스를 운영하기 좋은 환경이라고 생각했다. 셰어하우스 운영을 통해 주변시세보다 저렴한 월세로 쾌적한 환경을 제공한다면 입주자들 삶의 질도 훨씬 더 나아질 거라고 생각했다.

이렇듯 어쩌다가 시작하게 된 셰어하우스는 현재 홍대 3호점과 강남1호점 총 4개가 되었다. 처음 시작할 때는 아는 것이 많이 없어 어떻게 해야 할지 잘 몰랐다. 당시 주변 사람들도 기대보다는 걱정을 많이 했기 때문에 고독하고 힘든 순간도 있었다. 하지만 용기를 내고 문제가 발생하면 기꺼이 해결해 나가겠다는 마음가짐으로 버텼고 현재 큰 만족과 행복을 느끼고 있다. 셰어하우스 운영을 통한 수익은 직장생활을 할 때의 월급보다 훨씬 많아졌다. 즉 직장생활을 하지 않아도 월세로 생활이 가능한 경제적 자유를 어느 정도 달성한 셈이다. 무엇보다도 셰어하우스에 입주한 분들이 쾌적한 환경에서 편하게 생활을 하는 것이 가장 큰 보람으로 다가온다. 셰어하우스를 시작한 이후로 나는 마음이 밝아지고 자신감이 커졌다. 아직 부족한 부분도 많고 개선해야 할 일들도 많겠지만 셰어하우스처럼 의미 있는 사업은 많지 않다고 생각한다. 따라서 앞으로 셰어하우스를 운영하고자 하는 사람들에게 부족하지만 이 책이 많은 도움이 되기를 바란다.

02

셰어하우스의 등장 :
1인가구의 증가, 이제는 소유에서 공유로

1인가구의 증가

2015년 11월 통계청이 발표한 '2015 인구주택 총 조사' 결과에 따르면, 2015년 기준 1인가구의 수는 520만명을 기록하며 전체 약 1900만 가구 중 27.2%를 차지했다. 1,2인 가구를 합치면 전체의 50%를 넘을 정도로 이제는 흔해진 것이다. 우리 주변을 둘러봐도 혼자 산다는 사람들이 생각보다 많다. 통계청에 따르면 앞으로 혼자 사는 1인가구는 2025년 31.3%(685만 2000가구), 2035년에는 34.3%(762만8000가구)로 증가할 것으로 전망된다고 밝혔다.

1인가구라 하면 과거에는 홀로 사는 노인 혹은 이혼 후 혼자 사는

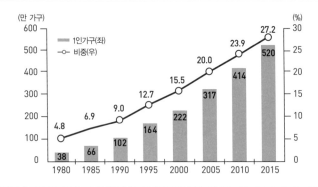

(만 가구)   (%)

■ 1인가구(좌)
─○─ 비중(우)

4.8 6.9 9.0 12.7 15.5 20.0 23.9 27.2

38 66 102 164 222 317 414 520

1980 1985 1990 1995 2000 2005 2010 2015

자료 : 통계청

가구당 가구원수 추이

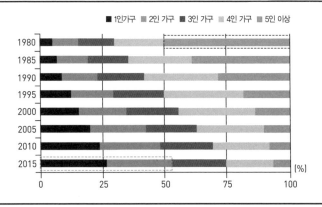

■ 1인가구 ■ 2인 가구 ■ 3인 가구 ■ 4인 가구 ■ 5인 이상

1980
1985
1990
1995
2000
2005
2010
2015

0   25   50   75   100 (%)

자료 : 통계청

사람들을 떠올리는 경우가 많았다. 하지만 실제는 그렇지 않다. 매
5년마다 실시되는 정부의 인구통계조사에 의하면 30대 1인가구가
19%, 20대 1인가구가 18%를 차지했고 70대 이상 1인가구가 전체

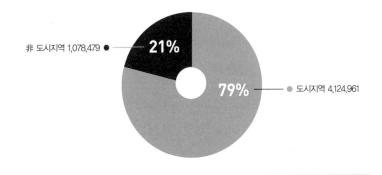

非 도시지역 1,078,479 ● **21%**

79% ● 도시지역 4,124,961

자료 : 통계청

의 19%를 차지했다. 즉 1인가구는 노인계층 외에도 2030 젊은 세대들도 많이 포함되어 있다. 즉 1인가구의 절반 이상은 스스로 1인가구를 선택한 것임을 알 수 있다. 따라서 앞으로 1인가구를 위한 셰어하우스는 점점 인기를 끌 것으로 기대되고 있다.

그렇다면 혼자 사는 대부분 사람들은 어느 지역에 거주할까? 통계청의 조사결과에 따르면 무려 1인가구의 79%가 도시지역에 살고 있다. 구체적으로 서울이 21.4%, 경기인천이 24.4%, 5대 광역시 19.9%로 조사되었다.

종합해보면 1인가구가 가장 많이 거주하는 도시지역의 경우 셰어하우스에 대한 수요가 풍부할 것으로 예상해 볼 수 있다. 하지만 앞으로 셰어하우스가 점점 많아지면 공실이 많아질 거라는 우려도 있다. 하지만 나는 앞으로 점점 더 많은 셰어하우스가 생겨야 한다고 생각하는 입장이다. 일반적으로 경쟁이 심화되면 서비스의 질은 향상된다. 셰어하우스 운영자 입장에서도 결국엔 셰어하우스를 진화시켜야 한다. 그렇게 되면 입주자들은 더 저렴한 비용으로 더 좋은 서비스를 누릴 수 있다. 적어도 향후 5년 이내에는 서울 주요지역에서 셰어하우스를 운영한다면 공실 문제로 크게 걱정할 일은 없다고 판단한다. 따라서 시작하기도 전에 지나친 걱정을 하지 않길 바란다. 그보다는 어떻게 더 잘 운영할지 생각하자. 답은 반드시 있다.

공유경제 그리고 미니멀리즘

공유경제

셰어하우스는 최근 유행하는 '공유경제' 중 하나의 사례이다. 공유경제(Share Economy)란 물품을 소유의 개념이 아닌 서로 대여하고 차용해 쓰는 개념으로 인식한 경제활동을 뜻한다. 현재는 공간이나 물건, 서비스 등을 빌리고 나눠 쓰는 인터넷과 스마트폰 기반의 사회적 경제적 모델이라는 의미로 통용되고 있다. 대표적인 예로 '에어비앤비'와 '우버'가 있다.

　세계적인 숙박 공유 시스템 '에어비앤비(Airbnb)'는 숙소를 직접 제공하기보다는 전 세계에 숙소를 가지고 있는 사람들과 그곳에 머물기를 원하는 여행객들을 연결해주는 서비스를 제공한다. 일반적으로 숙박업을 떠올리면 사업주가 건물을 소유하고 머물고자 하는 사람들을 모집하기 마련이지만, 세상에는 숙소뿐 아니라 개인의 가정집도 비어 있는 경우가 많다. 에어비앤비는 이러한 기존의 공간사용의 비효율을 개선한 시스템이다. 2008년에 설립된 에어비앤비는 공동 창업자 3명이 생계를 위해 방 한 켠을 낯선 사람들에게 제공하면서 시작되었다. 초기 창업자들은 거창한 목표를 갖고 있진 않았다. 단지 낯선 나라로 여행하는 여행자들에게 기본적인 잠자리와 조식 등을 제공하는 것으로 색다른 경험을 줄 수 있을 것이라고 생각했을 뿐이다. 에어비앤비 출범 당시 주변 다른 사람들은 말도 안 된다며 반대했던 사업이었다고 한다. 하지만 현재 에어비앤비는 세계적으로 유명한 호텔 체인점인 힐튼, 메리어트, 하얏트 등과 순위를 다투는 거대 기업으로 성장했다. 게다가 최근 〈포브스〉는 1000명 이상 직원이 근무하는 회사 중 가장 일하기 좋은 직장 1위로 에어비앤비를 선정하는 등, 크게 성공한 대표적인 공유경제 사업모델로 언급되고 있다.

'우버'는 모바일 앱을 이용한 승차 공유 서비스를 제공하는 기업이다. 차를 소유하지 않은 상태로 자동차를 필요로 하는 사람들과 연결해주는 서비스를 제공한다. 2010년에 시작된 우버는 세계 약 37개국 140여개 도시에 진출했으며 현재 지속적으로 확장을 거듭하고 있다. 우버가 제공하는 사업은 쉽게 말해 차량 중개이다. 우버에서 제공하는 차량은 일반인들이 가지고 있는 잉여 차량이다. 즉 우버는 에어비앤비와 마찬가지로 잉여자원에 대한 공유서비스를 제공한다.

그 밖에도 카셰어링, 사무실셰어링, 가게셰어링 등 여러 영역에서 공유경제 열풍이 불고 있다. 공유경제 시스템을 도입한 국내 업체로는 육아용품을 대여하는 '키플', 면접용 정장을 대여하는 '열린옷장', 책꽂이를 대여하는 '국민도서관 책꽂이 서비스' 등이 있다. 현대카드는 스타트업 및 창작자들을 위한 공유 사무실인 '스튜디오 블랙(Studio Black)'을 오픈했다. 강남역에 위치한 5층 건물로 160실 642석의 큰 규모를 자랑한다. 스튜디오 블랙은 사무공간은 물론 라운지, 휴게실, 샤워실 등 다양한 편의시설을 갖추고 있다.

공유경제는 현재 글로벌 경제의 전 세계적인 패러다임으로 주목받고 있다. 셰어하우스는 최소한의 개인공간은 남기고 나머지 공유 가능한 공간은 서로 공유하는, 그러면서도 주거비용을 낮추는 대표적인 공유경제 사례이다. 이미 영국, 프랑스, 미국 등 선진국에서 셰어하우스는 자연스러운 주거문화로 정착되었다. 초고령사회를 맞은 일본의 경우도 최근 1인가구 및 노년층을 위한 셰어하우스가 인기를 끌고 있다. 따라서 공유경제의 물결이 지속되는 한 셰어하우스도 이에 걸맞게 지속되고 점점 진화해 나갈 것이다.

미니멀리즘

전세계적으로 미니멀라이프 선호현상이 확산되고 있다. 미니멀라이프의 근간은 미니멀리즘이다. 단순함을 추구하는 예술 및 문화 양식인 미니멀리즘은 1960년대 후반에 예술 분야에서 나타났고 이후 여러 영역으로 확대되었으며, 불필요한 것을 제거하고 사물의 본질만 남기는 것을 중심으로 삼는다. 이렇듯 미니멀리즘은 예술에서부터 파생되었지만 최근에는 예술을 넘어 우리의 일상생활까지 널리 퍼지게 되었다. 최근 등장한 '미니멀라이프'가 바로 미니멀리즘의 발현인 셈이다.

그렇다면 최근 사람들은 왜 미니멀라이프를 선호할까? 여러 이유가 있겠지만 가장 큰 이유는 경기 불황으로 인한 소비의 감소일 것

미니멀리즘 관련도서

미니멀리즘 인테리어

이다. 또한 1인가구의 증가로 혼자 많은 물건을 소유하기가 어렵다는 점을 들 수 있다. 마음의 여유가 부족해 안정감을 찾으려는 자세도 미니멀라이프를 선호하는 이유라고 할 수 있겠다.

그렇다면 미니멀라이프가 셰어하우스의 선호로 이어지는 이유는 무엇일까? 일반적으로 혼자 원룸에 거주할 경우 생활물품을 스스로 모두 구비해야 한다. 그리고 원룸을 나가게 되면 다음 임차인이 입주하기 전에 모든 물건을 비워줘야 한다. 침대, 가구 등 본인이 준비한 물건을 정리할 생각을 하면 육체적, 정신적으로 매우 피곤해진다. 뿐만 아니라 이사라도 가게 되면 이사비용도 만만치 않지만 셰어하우스는 다르다. 보통 셰어하우스에는 생활에 필요한 대부분의 물품이 갖추어져 있다. 냉장고, 세탁기, 침대, 가구 등은 물론이고 식기, 전자레인지, 밥솥 등이 갖추어져 있는 곳이 대부분이다. 따라서 입주자들은 기본 소지품만 가지고 입주하면 되며 퇴실할 때도 원룸에 살다가 이사할 때처럼 정리할 물건이 많지 않다. 바쁘고 피곤한 사람들에게 큰 장점이다. 미니멀라이프를 실제로 실천할 수 있는 셰어하우스는 이처럼 새로운 주거 트렌드로 각광받고 있다.

사람들은 왜 셰어하우스를 선호하는가?
—

이제는 해외는 물론 국내에서도 새로운 주거 트렌드로 급부상하고 있는 셰어하우스는 언제부터 시작되었을까? 구체적인 연혁이 있는 것은 아니다. 공동 거주 문화가 익숙한 유럽과 미국에서는 이미 오래 전부터 시작된 개념이다. 국내의 경우 하숙집을 떠올려보면 쉽게 이해할 수 있다. 10년 전까지만 해도 하숙집은 갓 대학에 입학한 대학생들이 흔히 찾는 집이었다. 이후 기숙사가 점점 늘어나고 원룸이 인기를 끌면서 하숙집의 인기는 줄어들기 시작했지만 최근 갈수록 비싸지는 원룸 가격에 청년들의 고민은 날로 커져가고 있다. 이에 따른 대안으로 다시 함께 사는 셰어하우스가 주목을 받는 것이다.

하숙집과 셰어하우스의 차이점은 우선 집주인이 함께 거주하지 않는 것이다. 과거에는 비교적 나이가 있는 집주인이 입주자들에게 간단히 식사를 제공하고 여러 방 중 하나에 함께 거주하는 형태였지만 셰어하우스는 조금 다르다. 집주인이 함께 사는 경우도 있지만 일반적으로 입주자들끼리 자유롭게 생활한다. 식사를 제공하는 셰어하우스도 있지만 일반적으로는 따로 해결하는 편이다. 또 한 가지 차이점은 인테리어에 있다. 과거 대학생들이 선호하는 하숙집의 첫 번째 조건은 학교와의 거리였다. 거리가 가까워야 교통비도 줄일 수 있고 심신이 편하기 때문이다. 그래서 상대적으로 집이 조금 허름해도 가까운 곳이면 거주하는 편이었다. 그러나 최근 셰어하우스는 다르다. 사람들은 과거보다 삶의 질을 중시하고 특색 있는 라이프스타일을 선호하기 때문에 쾌적하고 아름다운 공간을 찾는다. 아름답고 특색 있는 인테리어는 과거 하숙집과 조금 다른 셰어하우스가 가지는 큰 특징이다.

또한 사람들이 셰어하우스를 선호하는 이유는 상대적으로 저렴한 월세 때문이다. 2016년 50여개 주요 대학 인근에 있는 원룸 월세를 분석한 결과는 다음과 같다.

지역	보증금	월세
서울	1,450	49
경기도	874	39
인천	350	36
충청도	350	35
경상도	423	32
전라도	332	32
평균	630	37

출처 : 다방, 2016

'다방'에 따르면 전국 주요 대학가의 평균 월세는 37만원, 보증금은 630만원으로 나타났다. 특히 서울의 경우 보증금 1450만원에 월세 49만원으로 타 지역에 비해 원룸 월세가 월등히 높은 것으로 조사되었다. 특히 1000만원이 넘는 보증금은 대학생과 사회 초년생에게는 상당히 부담스러운 금액이다. 게다가 조사된 원룸의 컨디션이 모두 좋은 것도 아니다. 신축이 아닌 이상 대부분 낡고 쾌적하지 않은 편이다. 하지만 셰어하우스는 일반적으로 관리 주체가 지속적으로 관리보수를 하기 때문에 쾌적하며 일반적으로 인테리어가 깔끔하다.

서울 지역 주요 대학가의 평균 원룸 월세를 조사한 결과는 다음과 같다.

조사 결과에 따르면 전국 주요 50여 개의 대학 중 평균 월세가 가장 높은 곳은 서울 서초구에 있는 서울교대로 보증금 1489만원에

대학교명	지역	보증금	월세
서울대학교	봉천동, 신림동	1,008	37
중앙대학교	상도동, 상도1동	1,204	43
경희대학교	이문동, 회기동	1,339	43
숙명여자대학교	남영동, 청파동	1,861	47
한양대학교	행당동, 용답동	1,757	47
고려대학교	안암동, 신설동	1,580	48
건국대학교	화양동, 자양동	1,195	49
연세대학교	연희동, 연남동	1,511	50
홍익대학교	서교동, 창전도	1,552	52
서울지역평균가		1,450	49

출처 : 다방, 2016

월세는 72만원이다. 필자가 운영하는 홍익대학교 인근을 살펴보면 보증금 1552만원에 월세는 52만원이다. 서울 지역 평균 보증금 가격을 훨씬 상회하며 인근 대학생들과 직장인들에게는 상당히 부담스러운 금액이다.

반면 셰어하우스는 일반적으로 보증금이 100만원을 초과하지 않는 편이다. 보통 월세의 2개월분 정도를 보증금으로 받고 운영하기 때문이다. 지역에 따라 다르지만 서울 주요 지역에 위치한 셰어하우스의 경우 일반적으로 1인실은 월세 50만원, 2인실은 40만원 선이다. 원룸 보증금과 월세에 비하면 훨씬 부담이 적다. 저렴한 보증금과 월세는 셰어하우스의 가장 큰 장점이라고 할 수 있다. 따라서 최근 사람들은 원룸에서 벗어나 저렴하면서도 쾌적한 셰어하우스를 점점 많이 찾고 있다.

셰어하우스를 선호하는 큰 이유 중 하나는 거주 기간을 비교적 자유롭게 정할 수 있다는 점이다. 전세나 월세는 보통 1~2년 단위로 계약이 이루어지지만 셰어하우스는 1년 미만의 단기 거주도 가능하다. 이처럼 입주 시기나 기간 등을 입주자가 자유롭게 정할 수 있기 때문에 부담 없이 입주가 가능하다. 퇴실도 보통 계약 종료 1~2개월 전까지만 의사를 밝히면 자유롭게 퇴실이 가능하다.

이 외에도 셰어하우스를 찾는 이유는 많다. 최근 인터넷과 스마트폰, SNS 등을 적극 활용해 집을 구하거나 함께 살 사람을 모집하는 사람들이 늘고 있다. 함께 살면 불편한 점도 있지만 주거비용을 줄일 수 있고 혼자 사는 것보다 안전하기 때문이다. 혼자 사는 여성의 경우 상대적으로 범죄에 노출되기 쉽지만 함께 생활하면 외로움을 해소하고 안전성도 어느 정도 보장받을 수 있다.

세계 속의 셰어하우스

—

선진국에서는 이미 보편적인 주거 트렌드인 셰어하우스에 대해 구체적으로 어떤 곳이 있는지 대표적인 몇 곳을 소개한다.

호주 – 메이너드 아키텍츠(www.maynardarchitects.com)

호주의 대표적인 셰어하우스로 메이너드 아키텍츠가 있다. 호주의 젊은 건축가 앤드류 메이너드(Andrew Maynard)와 마크 오스틴(Mark Austine)이 만든 건축사무소이다. 당시 이들은 늘어가는 이혼과 삭막한 도시생활로 인해 발생하는 각종 사회문제들을 근본적으로 해결하기 위해 셰어하우스를 만들었다. 이들은 당시 수리가 시급한 오래

된 집 두 채를 발견했고, 두 집 사이의 펜스를 허물어 하나의 넓은 뒷마당을 만들었다. 그 뒷마당은 두 집에 있는 테라스를 통해 이어진다. 또한 일본과 영국에서 볼 수 있는 인테리어 트렌드를 반영해 좁은 공간을 효율적을 사용할 수 있도록 방을 나눴다. 전반적인 디자인은 모던하면서도 클래식한 방향으로 리모델링했다.

뉴욕-스튜디오 카데나(www.studiocadena.com)

다음 소개할 셰어하우스는 뉴욕에 소재하는 스튜디오 카데나이다. 건축사무소인 이곳은 현대인들의 라이프스타일을 건축에 그대로 구현하는 것을 목표로 했다. 3명의 괴짜 룸메이트였던 이 셰어하

우스의 디자이너들은 당시 아티스트 마을로 알려진 브루클린에 방치되어 있던 폐공장 건물에서 새로운 생활공간을 꾸려보기로 결심했다. 60제곱미터의 공간을 3명의 룸메이트가 효과적으로 사용하기 위해 기존에 있던 파티션과 기둥을 모두 치우고 3개의 박스를 들여놓았다. 박스를 설치하고 남은 공간을 모두 거실과 주방으로 쓸 수 있게 되어 공간을 최대한 넓힐 수 있었다. 결과적으로 이런 공간배치와 동선이 거주자들과 친밀감을 향상시키는 효과를 만들었다.

바르셀로나－미엘 아키텍토스(www.mielarquitectos.com)

바르셀로나에 위치한 미엘 아키텍토스 역시 건축사무소로 운영되고

있다. 작업과 숙식을 한 공간에서 해결해야 하는 디자이너들을 위한 공간으로 설계한 곳이다. 창의적인 작업을 하는 아티스트들을 위한 이 공간은 오랫동안 붙어 있으면 싸우게 되더라도 공동 작업공간에서 시너지를 내기에 적합한 인테리어였다. 이들은 분리 유닛과 공동 사용 공간이 적절히 혼합된 셰어하우스를 만들고자 노력했다. 이곳은 친환경을 테마로 디자인한 인테리어가 돋보인다. 빈티지한 느낌의 깨진 타일, 다소 빛 바랜 기둥 등 건물의 고유한 아름다움을 최대한 그대로 살리는 데 초점을 두었다.

그렇다면 한국의 셰어하우스는 어떤가?

국내에서 현재 운영되고 있는 셰어하우스 업체들을 소개한다.

보더리스하우스(www.borderless-house.com)

'보더리스 하우스'는 이름 그대로 '국경 없는 집'이라는 뜻이다. 외국인과 함께 생활하면서 각 나라의 언어 및 문화를 함께 공유할 수 있는 특징을 가진 셰어하우스이다. 보더리스 하우스는 2008년 도쿄에서 시작한 셰어하우스 사업으로 한국, 일본, 대만 3개국에서 운영되고 있다. 약 50여개 국가에서 방문하는 외국인들과 함께 생활하

면서 교류할 수 있는 환경을 제공한다. 국내의 경우 서울시 마포구,
영등포구 등을 중심으로 25개가 운영되고 있다.

컴앤스테이(www.thecomenstay.com)

컴앤스테이는 외국인과 함께 거주하는 형태와 한국인들과 거주하는
형태로 나뉘어 운영되고 있다. 주로 국내 수도권을 중심으로 하여
현재 97개의 셰어하우스가 등록된 대형 셰어하우스 업체이다. 홈페
이지에 들어가면 원하는 거주지역과 임대료, 주거형태를 입력하도
록 되어 있다. 따라서 예비 입주자들은 자신이 원하는 조건에 맞는
셰어하우스를 찾을 수 있다.

또한 컴앤스테이에서는 셰어하우스 창업을 원하는 사람에게 컨
설팅 서비스를 제공한다. 관리 유형은 일괄관리와 운영관리인 두 가
지 형태가 있다. 일괄 위탁관리는 집주인이 컴앤스테이와 정식으로

임대차 계약을 체결하고 계약 기간 동안 본인 소유 주택을 셰어하우스로 운영할 수 있도록 임대해 주는 것이다. 운영 위탁관리는 집주인과 셰어하우스 운영사가 정식으로 위탁운영계약을 체결하고 운영하는 형태이다. 자세한 사항은 홈페이지에 나와 있다.

우주 (www.woozoo.kr)

우주 역시 국내에서 운영되는 대형 셰어하우스 서비스 업체이다. 컴앤스테이처럼 수도권을 중심으로 현재 57개의 지점을 운영하고 있다. 입주를 원하는 사람은 홈페이지에 접속해 입주가능 날짜, 성별, 원하는 월 임대료, 주택 타입 등을 작성하면 조건에 맞는 셰어하우스가 검색된다. 우주에서도 셰어하우스 위탁경영 시스템을 운영 중이다. 따라서 셰어하우스를 하고 싶지만 본인이 직접 운영하기 힘들

다고 생각되면 위탁 업체를 알아볼 수 있다. 자세한 사항은 홈페이지에 명시되어 있다.

함께 꿈꾸는 마을 (www.maeulstory.com)

'함께꿈꾸는마을'은 2013년 오픈한 국내 셰어하우스 업체이다. 왕십리, 강남 등에서 운영되고 있다. 따라서 함께꿈꾸는마을에 입주를 원하는 사람들은 홈페이지에 접속해 간단한 사항을 작성해 신청하면 된다. 이곳 또한 다른 업체와 마찬가지로 셰어하우스 위탁경영이 가능하다. 따라서 제휴 등을 통해 셰어하우스 운영을 원하는 사람들은 업체와의 상담을 통해 진행 가능하다.

소규모 개인 운영 셰어하우스

앞서 소개한 대표적인 국내 대형 셰어하우스 업체 외에도 개인이 운영하는 소규모 업체들이 많다. 현재 내가 운영하는 홍대 1호, 2호, 3호점과 강남 4호점 역시 개인이 운영하는 셰어하우스에 속한다. 사실 내가 이 책을 쓴 목적은 개인도 충분히 셰어하우스를 운영할 수 있다는 생각으로 그 노하우를 전수하기 위함이다. 따라서 실천력과 용기가 있으면 이 책이 셰어하우스를 운영하는 데 많은 도움이 될 것이다.

현재 국내에 셰어하우스가 몇 개나 있는지 구체적인 통계자료를 얻기는 쉽지 않다. 하지만 '함께꿈꾸는마을' 셰어하우스를 운영하고 있는 유성산업개발 조사에 따르면 2015년 기준 국내의 경우 약

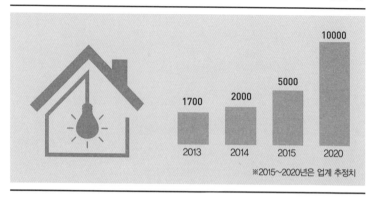

커지는 셰어하우스 시장 　　　　　　　　　　　　　　　　(단위 : 실)

10000
5000
2000
1700

2013　　2014　　2015　　2020

※2015~2020년은 업계 추정치

출처 : 유성산업개발

5,000여실의 셰어하우스가 운영되고 있다. 그리고 2020년에는 약 10,000여실로 증가할 것으로 예상된다.

여기서 말하는 '실'은 집이나 방의 개수가 아니라 입주 가능 인원을 의미한다. 일반적으로 셰어하우스가 최소 방 3개 구조에서 운영되고 입주 가능 인원을 최소 4명으로 잡아 계산하면 현재 약 1200여 개의 셰어하우스가 있는 것으로 추정할 수 있다. 하지만 이는 대략적인 수치이고 향후 더 빠르게 시장이 커질 것으로 예상된다.

아직까지 국내의 경우 셰어하우스 시장은 비교적 초기 단계라고 볼 수 있다. 셰어하우스 개념이 보편화된 호주, 미국, 일본 등과 비교하면 국내의 경우 아직까지 셰어하우스의 공급은 크게 부족한 형편이다. 앞서 설명했듯이 1인가구의 수는 앞으로 점점 증가할 것이다. 특히 가장 활발한 사회생활을 하고 경제력이 부족한 2030 세대들의 셰어하우스 수요는 점점 커질 것으로 예상된다. 따라서 셰어하우스 운영을 생각하고 있는 독자들이 있다면 자신감을 가지라. 지금은 셰어하우스를 시작하기 좋은 타이밍이다. 중요한 것은 실행력이다.

03

부동산 패러다임의 변화, 이제는 셰어하우스가 답이다

더 이상 시세 차익에만 기대지 말자.
이제는 수익형 임대 사업이다

—

최근 몇 년간 우리나라는 저금리를 꾸준히 유지해 오고 있다. 저금리가 유지되는 시기에는 일반적으로 전세보다 월세가 선호된다. 전세금을 은행에 맡겨도 이자수익이 충분하지 않기 때문이다. 실제로 부동산 임대시장에서 월세가 차지하는 비율은 2013년 40.2%, 2015년에는 55% 이상까지 상승했다. 특히 수익형 부동산 중에서도 상업용 수익형 부동산에 비해 상대적으로 안정적인 주거용 수익형 부동산 선호 현상이 눈에 띄게 증가하고 있다. 게다가 최근 주거용 수익

형 부동산의 가장 큰 수요자는 1,2인 가구로 이들을 겨냥한 셰어하
우스, 게스트하우스 등이 눈에 띄게 증가하는 추세다. 1인가구의 증
가는 전 세계적인 현상이므로 앞으로도 이들을 위한 주거모델은 꾸
준히 증가하고 진화할 것이다.

　흔히 부동산 재테크라는 말을 들으면 떠오르는 단어는 '시세차
익'일 것이다.시세차익이란 물건의 가격이나 시세의 변동에 따라
생긴 이익이다. 흔히 부동산 투자로 대박 났다고 하면 대개 처음 매
입한 부동산 가격과 시간이 흐른 후 가격이 많이 오른 경우가 많다.
이때 시세차익을 많이 봤다고 말한다. 실제로 지금까지 시세차익으
로 높은 수익을 달성한 사람들이 많다. 반면 시세차익을 기대하고
투자했다가 실패한 사람들도 많다. 이런 분위기가 과열되면 부동산
투기를 조장할 수 있다는 문제가 있다. 최근 2~3년간 저금리가 지
속되었고 2013년 주택경기 침체 이후 정부 규제에도 불구하고 서울
집값은 상승세였다. 그렇기 때문에 아직까지는 시세차익을 노리고
투자하는 방식이 선호되고 있지만 최근 정부에서 대출규제가 심화
되고 있는 데다 향후 금리마저 인상된다면 이런 분위기가 언제까지
고 지속되리라는 보장은 없다.

　과거와는 달리 2030 세대들도 부동산 재테크에 많은 관심을 가지
고 실제로 부동산 투자에 뛰어드는 청년들이 늘어나고 있다. 얼마
전 인터넷 기사에 전세를 활용한 갭투자를 통해 아파트를 10채 이상
소유하는 공동투자 방식이 젊은 청년들 사이에서 점점 많아지고 있

다는 사례가 소개되었다. '갭투자'란 전세금이 오르는 상황을 이용해 전세 보증금을 끼고 아파트를 사들인 후 매매가격이 오르면 되팔아 시세차익을 내는 투자방식이다. 일반적으로 갭투자는 적은 자기자본으로 투자가 가능하기 때문에 부동산 시장 상승기에 선호하는 투자 방식이다. 그러나 만약 부동산 경기가 하락세라면 오히려 집값이 떨어져 손실을 볼 수 있는 리스크도 있다.

갭투자는 전세보증금을 이용하여 투자하는 방식이기 때문에 기본적으로 전세시장이 활성화되어야 한다. 전세라는 개념은 사실상 우리나라에만 있는 개념이다. 여러 전문가들은 앞으로 전세시장은 점점 줄어들고 반전세 및 월세를 선호하는 사람들이 늘 것으로 보고 있다. 이런 추세라면 앞으로 셰어하우스 등 월세를 받는 수익형 부동산 수요는 증가할 것으로 보인다.

최근에는 전월세 전환율이 상승하는 분위기이다. 전월세 전환율이란 말 그대로 전세를 월세로 전환할 때의 비율을 말한다. 일반적으로 전월세 전환율이 높아지면 투자자들 입장에서 월세를 선호하게 된다. 따라서 입주자의 수에 따라 월세를 받는 셰어하우스는 점점 더 선호될 것으로 보인다.

틈새시장이 된 셰어하우스, 현존하는 최고의 임대수익 모델
—

최근 몇 년간 부동산 시장은 전셋집은 구하기 힘들고 월세는 치솟는 분위기였다. 이에 따라 주거비 부담이 늘면서 임차인들은 집을 구하기 어려워 삶이 팍팍해지고 있다. 게다가 시도 때도 없이 거론되는 금리 인상론과 대출규제는 부동산 투자자들의 고민을 더욱 부추기고 있다. 이런 분위기 속에서 최근 높은 수익률 달성이 가능한 셰어하우스라는 새로운 주거형태가 부동산 분야의 틈새시장으로 인기를 끌고 있다.

셰어하우스는 말 그대로 집을 공유한다는 뜻이다. 즉 주방, 거실, 욕실 등 공용시설은 여러 사람과 함께 이용하지만 개인 방은 1인실 또는 2인실 형태로 되어 있어 어느 정도 개인 생활공간이 보장된다. 초창기 셰어하우스는 주로 대학가에서 시작되었다. 우리가 흔히 알고 있는 하숙집이 초기 셰어하우스 형태이다. 지금도 셰어하우스는 대학가에 주로 밀집되어 있다. 가장 큰 이유는 원룸이나 고시원보다 쾌적하면서 보증금과 월세가 저렴하기 때문이다. 서울 주요 대학가에 위치한 원룸에 거주하려면 보증금 1000만원에 월세 50만원 정도를 지불해야 한다. 목돈 마련이 어려운 대학생 등 사회초년생들에게 보증금 1000만원은 부담스러운 금액이다. 하지만 셰어하우스는 한두 달치의 보증금을 지불하고 월세도 35만원에서 50만원 사이에서 책정되어 학생들에게 주거비용 부담을 확실히 줄여준다. 약간의 불편함만 감수하면 정말 고마운 주거형태인 것이다.

그렇다면 부동산 투자자 입장에서 셰어하우스는 어떤 매력을 가지고 있는지 살펴보자. 가장 큰 매력은 기존의 임대차 계약에 비해 높은 수익률이다. 특히 은퇴를 앞둔 5060 세대에게 퇴직 이후 노후 수입원으로서 매력적인 영역이다. 기존 주택임대차 계약의 경우 세대를 기준으로 임차인을 받았기 때문에 사실상 월세만으로 높은 수익률을 달성하는 데는 한계가 있었지만 셰어하우스는 입주자의 수를 기준으로 월세를 받는 구조이기 때문에 기존의 세대 수를 기준으로 받는 경우보다 높은 임대수익률 달성이 가능하다.

특히 셰어하우스는 한 공간에 여러 명의 입주자를 받을수록 그 수익률이 극대화되는 규모의 경제라는 성격을 갖기 때문에 대형 평형의 아파트를 소유하거나 단독건물을 소유한 경우 수익률은 더욱 높아진다. 특히 여러 층이 있는 단독주택의 경우 그중 일부를 집주인이 거주하고 나머지 공간을 셰어하우스로 활용하면 1인1주택은 현재 비과세이기 때문에 노후대비 투자로 적극 권장할 만하다. 단, 이 경우에도 단독주택의 기준시가가 9억 원을 초과한 주택이나 국외 주택을 소유한 경우라면 1주택이라도 주택 임대소득에 대해 세금을 내야 한다.

물론 본인 명의의 집을 소유하지 않은 경우에도 높은 수익률을 달성하는 셰어하우스 운영이 가능하다. 사실 운영수익률의 극대화 측면에서 살펴보면 집을 소유해서 운영하는 것보다 전대차 계약 등을 활용하는 편이 가장 높은 수익률을 달성할 수 있는 방법이다. 내 경우에도 처음에는 집을 소유하는 형태로 셰어하우스 운영을 시작했지만 나중에는 전대차 계약 등 집을 소유하지 않고 투자하는 방법을 병행해서 운영하고 있다.

이러한 셰어하우스 운영에 관심 있는 사람들을 위해 구체적으로 직장인, 주부, 퇴직자 등 상황별로 셰어하우스를 운영하는 방법에 대해 알아보자.

직장인, 주부, 퇴직자 등 누구나 할 수 있다

셰어하우스 운영은 누구나 할 수 있다. 즉 직장인, 주부, 퇴직자, 대학생 등 누구나 운영자가 될 수 있다. 운영 주체의 유형별로 셰어하우스를 운영하는 방법에 대해 소개한다.

직장인 운영자

셰어하우스 운영 주체가 직장인인 경우다. 직장인들은 아무래도 하루 일과 중 대부분의 시간을 직장에서 보내기 때문에 그렇지 않은 사람들보다 시간 여유가 없다. 야근은 기본이고 때로는 주말을 반납해 매일 쌓이는 업무를 처리하기도 한다. 나도 지금은 직장을 그만 두었지만 지금도 부지런한 직장인 분들을 보면 정말 대단하다는 생각이 든다. 그래서 직장을 다니면서 운영하기에는 벅차다고 생각하는 사람들이 많다. 물론 직장을 다니지 않고 전업으로 셰어하우스를 운영하는 사람에 비해 시간 여유가 없는 것은 사실이지만 방법은 얼마든지 있다. 실제로 주변에 셰어하우스를 운영하는 사람들 중에는 직장인도 많다.

부동산 투자에 있어 직장인 신분이 가지는 가장 큰 장점은 대출이 수월하다는 점이다. 물론 은행에서 바라보는 기준에 따라 대출 한도는 사람마다 모두 다르지만 확실한 것은 비직장인과 달리 대출한도가 높다.

만약 셰어하우스 운영을 위한 집을 매매하기로 결정했다면 셰어하우스 운영을 통해 얻게 될 예상수익률과 대출금리를 비교해 수익이 훨씬 크다면 대출을 통해 집을 매매하면 된다. 그러나 대출여부는 신중하게 판단하고 결정해야 한다. 대출을 통해 얻게 될 기대 수익률을 신중히 검토하지 않고 즉흥적으로 대출할 경우 대출은 문제의 씨앗이 될 것이다. 하지만 대출을 통한 기대수익률이 이자보다 높아 수익을 달성할 수 있다고 판단되면 대출은 좋은 역할을 한다.

일반적으로 셰어하우스 운영을 통해 얻게 되는 수익은 대출이자를 충분히 상쇄하고도 남는다. 현재 시중은행 평균금리는 물론 직장인 개인의 신용 등급에 따라 차이가 있지만 일반적으로 3~4% 사이이다. 셰어하우스 운영을 위해 서울에 방 3개짜리 다세대 빌라를 매매한다고 가정해보자. 빌라의 상태와 지역에 따라 매매가격은 다르지만 예를 들어 2억이라고 가정하자. 일반적으로 주택담보대출은 주택 매매금액의 약 60%까지 가능하며 그 이상도 가능한 경우도 많다. 그렇다면 매매가가 2억원인 빌라는 1억 2000만원까지 대출이 가능하다. 그러면 셰어하우스 운영을 통한 기대수익률을 계산해보자.

일반적으로 셰어하우스 1인실의 경우 보증금 100만원에 월세 50만원 정도를 받는다. 2인실의 경우 보증금 100만원에 월세 40만원 정도를 받는다. 방이 세 개인 경우를 가정하면 큰방에 2명을 받고 남은 두 개의 방은 1인실 2개로 운영한다. 남은 두 방의 크기가 충분하다면 2인실로 운영할 수도 있지만 여기서는 최소한의 인원을 받는 조건으로 수익률을 계산해보자. 셰어하우스 운영을 위한 리모델링 비용은 상황에 따라 다르지만 도배 및 장판시공을 하고 바로 가구 및 가전제품을 모두 들이는 경우를 가정하면 비용은 약 600만원 정도면 충분하다. 이에 따른 예상수익률을 다음과 같다.

- 수익률(1년 기준)＝매달 월세×12 / 투자금액×100(%)
- 월세＝50만원×2명＋40만원×2명＝180만원
- 1년 월세 수익＝180만원×12＝2160만원
- 1년 이자비용(3.5% 가정)＝1억2000만원×3.5%＝420만원

- 투자금액 : 8000만원

- 보증금 : 100만원×4=400만원

- 인테리어 비용 : 600만원

- 예상수익률(%) : $\dfrac{수익-비용}{투자금} \times 100$

  $(\dfrac{1740만원}{8200만원} \times 100 = 21.2\%)$

셰어하우스 운영을 통해 받는 입주자 수를 최소한으로 예상한 기대수익률은 21.2%가 나왔다. 만약 인원을 더 받거나 대출한도가 많거나 월세를 더 받을 경우 예상수익률은 이보다 높아진다. 물론 공실률도 감안해야 한다. 셰어하우스 운영은 일반적으로 단기거주자도 많고 운영자가 관리하지 않으면 입주자를 못 구해 공실이 발생하는 경우도 생기므로 공실률을 10%로 가정하고 수익률을 계산해보자.

- 1740만원×(1−0.1)=1566만원
- 예상수익률 : 19.1%

공실률을 10%로 가정하면 예상 수익률은 19.1%가 된다. 이 정도면 대출을 이용해 충분히 투자할 만하지 않은가? 운영자의 노력으로 예상한 대로 셰어하우스 시스템이 운영되면 대출을 통해 높은 수익을 달성할 수 있는 것이다. 주택을 매입해 셰어하우스를 운영하기에 자금이 부족한 직장인 분들은 전대차 계약을 활용하면 된다. 전대차 계약을 통해 셰어하우스를 운영하는 방법에 대해서는 2부에서 자세히 소개하겠다.

앞서 소개한 대출활용은 다음에 제시하는 주부, 퇴직자 등의 경우에도 마찬가지로 적용된다.

그렇다면 직장인 신분으로 셰어하우스를 구체적으로 어떻게 운영해야 할까? 직장인은 비직장인에 비해 여유시간이 절대적으로 부족하기 때문에 셰어하우스 운영을 준비하기 위해서는 주말과 휴가를 적극적으로 활용해야 한다. 특히 운영 초반 리모델링을 진행할 때 가장 많은 시간이 걸린다. 하지만 이 경우에도 모든 리모델링 작업을 혼자 할 필요는 없기 때문에 업체에 맡겨 진행하면 된다. 작업이 완료되면 작업자에게 핸드폰으로 사진을 전송해 달라고 할 수도 있고 주말에 완료된 작업을 확인하면 된다. 사실 리모델링을 할 때는 시간차를 두고 여러 번 방문하면서 작업 진행사항을 확인하는 것이 가장 좋지만 직장인들은 그럴 시간이 부족하다. 따라서 작업이 성공적으로 진행되도록 문제가 될 만한 부분을 작업자에게 정확히 전달하고 중간중간 전화로 연락을 주고받도록 한다.

가장 문제가 되는 부분은 입주자를 모집할 때와 입주 후 관리하는 부분이다. 완성된 셰어하우스 입주자 모집공고를 하면 광고를 본 사람들이 운영자가 기재한 번호로 연락을 준다. 하지만 직장인은 바로 집을 보여주기가 힘들다는 단점이 있다. 이 경우 약속을 퇴근시간 이후인 저녁 혹은 주말로 잡는 것이 좋다. 만약 너무 바빠서 시간내기가 힘들다면 부동산 중개사무소에 부탁해 수수료를 일부 주고 부탁하는 것도 대안이 될 수 있다. 만약 가족이나 친구가 셰어하우스 주변에 거주한다면 개인적으로 부탁해서 방문자를 맡도록 하는 것도 좋다.

셰어하우스 입주자가 모두 모집되면 운영자가 관리해야 할 부분은 청소 및 입주자들 간 갈등관리가 주를 이룬다. 직장인의 경우 주말이 아니면 사실상 관리가 어렵다. 만약 주말에도 시간을 내기 힘들다면 입주자들 중 한 명에게 월세할인 혜택을 주고 청소 및 문제점 보고 등의 일을 부탁하는 것도 좋은 방법이다.

직장인 신분으로 셰어하우스를 운영하기란 비직장인에 비해 쉽지 않다. 하지만 앞서 제시한 방법을 참고하면 얼마든지 운영 가능하다. 셰어하우스가 성공적으로 운영될 경우 월급 이외에 매달 제2의 월급을 받는 기쁨을 누릴 수 있다. 셰어하우스를 운영하기 전에 비해 자신감을 갖게 되고 삶이 더욱 발전적이고 풍요로워진다. 그러니 망설이지 말고 도전해보자.

주부 운영자

셰어하우스를 운영하기 가장 좋은 상황에 있는 사람은 주부라고 생각한다. 물론 직장에 다니지 않는다 해도 아이가 있는 주부는 시간이 부족할지 모른다. 하지만 그런 상황이더라도 매일 조금씩만 시간을 내면 누구보다 성공적으로 셰어하우스를 운영할 수 있다.

셰어하우스로 운영될 집을 매매하는 원리는 앞서 소개한 직장인의 경우와 같으니 이전 내용을 참고하자. 만약 매매 이외에 적극적으로 셰어하우스 운영을 하려 한다면 본인이 사는 집을 셰어하우스로 운영하고 남편과 본인은 인근에 월세를 얻어 생활하는 것도 괜찮은 방법이다. 아직 아이가 없는 신혼부부의 경우 시도할 만한 운영방법 중 하나이다.

셰어하우스로 운영할 집을 리모델링하는 경우에도 시간이 충분하다면 일부 간단한 작업은 셀프 리모델링으로 진행할 수 있다. 업체를 통해 리모델링을 맡길 경우에도 수시로 방문해 작업 진행사항을 꼼꼼하게 확인할 수 있다. 특히 주부의 경우 셰어하우스 입주자 모집공고를 냈을 때 방문자들을 수시로 관리하면서 함께 집을 방문할 수 있다는 점은 큰 무기가 된다. 집을 구하는 사람들은 최대한 빨리 결정하고 입주하기를 원하기 때문이다. 이때 발 빠르게 방문자를 만나 집을 보여주고 이야기하면 입주자를 단시간에 모집할 확률이 크다.

입주자 모집 후 셰어하우스를 관리하기도 수월한 편이다. 바쁜 직장인들의 경우 셰어하우스를 직접 관리하기가 쉽지 않지만 상대적으로 시간 여유가 있는 주부라면 굳이 입주자에게 관리를 맡기지 않아도 직접 할 수 있다. 입주자들의 요구사항도 제때 확인하고 처리하기가 수월하다. 따라서 육아를 위해 직장을 그만둔 주부들이 있다면 셰어하우스 운영을 통해 든든하게 월세도 받고 보람 있는 제2의 인생을 시작하는 것도 좋다고 생각한다. 진심 어린 마음으로 셰어하우스를 성공적으로 운영할 경우 보람을 느끼는 것은 물론 주부 운영자 스스로도 자신감이 생길 것이다. 셰어하우스를 운영하면 직장에 다니지 않더라도 적지 않은 월세가 들어오기 때문이다.

퇴직자 운영자

직장을 퇴직한 사람들은 셰어하우스를 구체적으로 어떻게 운영하면 좋은지 알아보자.

사회 초년생인 직장인이거나 신혼부부인 경우 셰어하우스 운영을 위한 집을 매매하기에는 자금이 부족한 경우가 많아서 주로 전대차 계약을 통해 운영한다. 하지만 본인 소유의 집이 있거나 준비된 자금이 있는 퇴직자라면 상대적으로 안정적인 셰어하우스 운영이 가능하다. 특히 본인이 사는 집의 평수가 넓다면 높은 수익률을 기대할 수 있다. 퇴직자의 경우 대개 자녀들은 독립하기 때문에 빈 방이 생기게 된다. 따라서 배우자와 함께 인근에 월세를 얻어 생활하고 본인의 집을 전체적으로 셰어하우스로 운영하면 은퇴 이후 충분한 월세를 받을 수 있는 시스템을 갖게 되는 것이다. 특히 방의 개수가 많고 화장실이 2개 이상인 집이라면 더욱 좋다. 셰어하우스에서 입주자를 많이 받지 못하는 이유 중 하나가 부족한 화장실인데 화장실이 2개라면 입주자들에게 좋은 반응을 얻을 수 있다.

본인 소유의 집을 셰어하우스로 운영할 경우 장점은 리모델링이 자유롭고 관리가 편하다는 것이다. 단 셰어하우스 입주자들은 대개 20대 혹은 30대의 젊은 층이기 때문에 세대차이로 인해 직접 입주자를 받고 관리하기가 어려울 수 있다. 직접 관리하기가 부담스럽다면 초반에만 입주자를 직접 받고 이후 입주자를 받고 관리하는 일은 기존 입주자들 중 원하는 사람에게 월세 등의 혜택을 주어 그 사람이 관리하도록 하는 것도 좋은 방법이다. 아니면 은퇴한 운영자들과 같은 또래의 사람들을 입주자로 모집하는 것도 좋은 방법이라고 생각한다. 즉 일반적으로 셰어하우스를 이용하는 2030 세대가 아닌 4060 세대를 위한 셰어하우스를 운영하는 것이다. 운영자와 입주자의 연령대가 비슷하기 때문에 운영자 입장에서는 대화도 잘 통하고 관리가 편할 것이다. 입주자 입장에서도 소외감을 느끼지 않고 편하게 생활할 수 있다. 따라서 운영자가 생각하는 목적과 상황에 맞게 입주 대상자를 결정하면 된다.

최근 5060 세대는 퇴직 이후의 삶에 대해 고민이 많다. 공기업이나 공무원 등에 종사할 경우 정년이 보장되지만 그렇지 않은 경우 정년이 보장되지 않는다. 게다가 이제는 100세시대 아닌가? 다가오는 미래의 기대수명은 120세라는 연구결과도 있다. 은퇴 이후 거의 절반을 직장에서 벗어나 생활이 가능해야 한다는 것이다. 전경련 중소기업협력센터의 '2015 중장년 재취업 인식 실태조사'에 따르면 10명 중 7명은 퇴직 이후 필요한 소요자금이 부족해 자금난을 겪을 것을 우려하는 것으로 나타났다. 충분하다는 응답은 7.5%에 불과한 것으로 조사되면서 퇴직 이후의 삶에 대해 많은 중장년 층이 경제적으로 충분히 준비되지 않았다는 사실을 알 수 있다.

국내 한 경영연구소에서 발간한 자료를 보면 은퇴 이후 예상되는 노후생활비는 월평균 218만원이지만 실제로 준비하고 있는 노후준비자금은 이에 미치지 못하는 91만원으로 나타났다. 이것이 현실이다. 은퇴 이후의 긴 삶을 생각하면 두렵고 힘들다. 그래서 은퇴 이후에도 재취업을 희망하는 중장년 층이 많다.

실제로 퇴직을 앞두거나 은퇴한 중장년 층들은 은퇴 이후의 삶을 준비하기 위해 많은 재테크 방법을 찾는다. 부동산, 주식 등 여러 가지 투자처를 물색하는데 은퇴 전까지 고민을 거의 하지 않다가 갑자기 준비하는 경우 판단력이 흐려질 우려가 있다. 이른바 묻지마 투자 등에 그 동안 모아온 소중한 자금을 투자하는 경우가 그 예이다. 이렇게 투자한 자금이 회수되지 않으면 주 수입원이 없는 퇴직자들은 큰 곤란을 겪게 되므로 주의해야 한다.

여러 재테크 방법이 있겠지만 우리나라 중장년 층의 대부분은 부동산 투자를 선호한다. 2015년 한국인의 재산 가운데 실물자산의 비중은 73.5%로 조사되었다. 이 실물자산의 대부분을 차지하는 것은 부동산이다. 특히 한국 사람은 부동산 중에서도 집의 소유를 선호한다. 건물을 소유하고 세입자를 받아 월세를 받으며 사는 삶을 꿈꾸는 것이다.

하지만 최근 금리 인상론, 대출규제 심화 등의 이슈가 부각되면서 기존의 월세 받는 시스템만으로는 한계가 있다. 즉 한 명의 임차인을 받는 기존의 월세 투자방법도 좋지만 남는 공간을 효율적으로 활용해 셰어하우스를 운영하는 것이 더 좋은 방법이라 생각한다. 특히 평수가 넓은 아파트의 경우 월세 세입자를 구하기가 중소형에 비해 상대적으로 어려운 편이다. 따라서 남는 공간을 여러 명의 입주자를 모집해 월세를 받는 셰어하우스로 운영하면 이전보다 든든하게 노후를 대비할 수 있다. 셰어하우스는 입주자들의 수가 많을수록 이익이 커지는 대표적인 규모의 경제 속성을 가진 시스템이다. 따라서 대형 평수의 아파트의 경우 셰어하우스로 운영하면 규모의 경제로 인해 높은 임대수익을 달성할 수 있다. 더불어 입주자들에게 도움이 되는 서비스를 제공하는 기분 좋은 경험을 하게 된다.

즉 셰어하우스는 운영자와 입주자가 win-win 하는 시스템이다. 그야말로 자본주의 사회에서 보기 드문 아름다운 투자 방법이라고 생각한다. 퇴직 이후 더욱 풍요롭고 의미 있는 제2의 삶을 위해 셰어하우스를 시작해보자.

04

행동하는 자만이
결국 살아남는다

움직이지 않으면 절대 현실은 달라지지 않는다

내 주변에는 페이스북 창업자 마크 주커버그 못지않은 아이디어를
가진 사람들이 많다. 한 지인은 20년 전 군대에서 제대하기 전 목 베
개를 생각해 특허출원을 하려 했으나 여러 사정상 아쉽게도 추진을
못했다. 지금 목 베개는 여행할 때는 물론 직장인, 수험생 등 남녀노
소 가리지 않는 대중적인 상품이 되었다. 아마 20년 전 특허를 출원
해서 상품화에 성공했다면 지금쯤 영향력 있는 큰 사업가가 되었을
거라고 생각한다.

'찻잔 안의 태풍' 이라는 말이 있다. 아이디어나 계기는 있지만 정

작 실질적으로 큰 영향력을 발휘하지 못할 때 쓰는 표현이다. 특히 한국에는 머리가 좋고 아이디어가 뛰어난 사람들이 많다. 하지만 아이디어가 현실화되기엔 부족한 느낌이 드는 것도 사실이다. 이유는 여러 가지가 있겠지만 가장 큰 이유는 실패를 두려워하는 사회 분위기라고 생각한다. 미국이나 유럽 등 다른 선진국에 비해 한국은 상대적으로 실패에 대해 관대하지 않은 편이다. 무수한 실패는 큰 성공으로 가는 지름길인데도 말이다. 실패가 아니라 시도일 뿐이다.

세상에 큰 영향력을 발휘하는 CEO나 큰 부자들의 공통적인 특징 중의 하나가 바로 실행력이다. 아무리 아이디어가 '핫' 하다고 한들 실천에 옮기지 않으면 큰 의미가 없다. 하지만 안타깝게도 탁월한 실행력을 갖춘 사람들은 많지 않다. 바로 이것이 핵심이다. 즉 좋은 생각을 실천으로 옮길 때 나 자신은 물론 세상도 함께 움직인다. 자신감과 철저한 실행력만이 변화를 이끌어낼 수 있다.

특히 부동산 투자에 있어 실행력의 중요성은 두 말할 필요도 없다. 주변을 살펴보면 정말 좋은 기회와 타이밍을 잡았는데도 막상 하려니 두렵고 걱정이 되어 투자를 실행에 옮기지 못하는 분들이 많다. 물론 투자는 신중해야 한다. 단순히 남의 말만 듣고 판단하거나 모르는 분야에 섣불리 뛰어들어서도 안 된다. 즉 판단은 본인이 직접 해야 한다. 그리고 유념해야 하는 부분이 있다. 성공했을 때의 수익과 감당해야 할 리스크가 무엇인지를 정확하게 아는 것이다. 이때 감당해야 할 리스크보다 성공했을 때의 수익이 훨씬 크다면 투자를 실행해야 한다. 하지만 많은 투자자들이 성공에 대한 확신 부족과 점점 리스크에 초점을 맞추게 되면서 결국 실행에 옮기지 못한다.

누구나 성공적인 투자를 꿈꾼다. 하지만 이 말이 '제로 리스크'를 의미하지는 않는다는 점을 정확히 이해해야 한다. 매력적인 수익을 거두는 투자영역은 리스크도 큰 편이다. 필자는 "세상에 공짜는 없다"는 말을 믿는다. 당장에는 공짜로 얻은 것처럼 보이는 투자가 있을 수도 있다. 하지만 잠시 눈에 보이지 않을 뿐이다. 세상이 원하는 니즈를 충족시켜주지 않으면 결국 시간이 지나면서 손실이 나게 마련이고, 그것이 세상의 이치이다. 특히 처음 투자하는 투자자들에게 하고 싶은 말이 있다. 자신이 발견한 투자영역이 확실한 비전을 갖고 있다면, 혹시나 모를 미래에 약간은 리스크를 감수할 생각을 하라는 것이다. 아무것도 하지 않고 100% 확실한 수익이 지속되길 바라는 건 큰 욕심이다. 만에 하나 자신이 생각한 수익률에 근접하지 못하면 적어도 어떻게 해서든 반드시 회복하겠다는 각오가 되어 있어야 한다.

세상에 가만히 앉아서 영원히 유지되는 시스템은 존재하지 않는다. 명심하라. 세상에 공짜는 없다. 하지만 내가 시작한 셰어하우스 분야는 고수익을 얻으면서도 리스크를 충분히 관리할 수 있는 매력적인 투자영역이다. 현재 셰어하우스는 세계적인 주거 트렌드이자 새로운 부동산 시장의 틈새 영역으로 주목 받고 있다. 이 부분에 대해서는 이 책의 2부부터 5부까지 자세히 언급되어 있다.

비관주의자들의 말에 겁먹지 말자. 그들은 영원히 안 될 이유만 찾는다

내가 유일하게 경계하는 유형의 사람이 있다. 바로 비관주의자들이다. 물론 세상은 넓고 정답은 없다. 하물며 사람은 오죽할까. 세상에는 정말 천차만별 다양한 생각과 태도를 가진 사람들이 모여서 정말 다양한 삶의 방식과 문화, 가치관을 가지고 살아간다. 이렇게 다양한 방식으로 살아가는 사람들을 보면서 많이 배우기도 하고 자극을 받기도 한다.

비관주의란 앞으로의 일이 잘 되지 않으리라고 생각하여 자신 없어하거나 희망을 갖지 않는 태도이다. 보통 비관주의자들은 어떤 문제에 봉착했을 때 안 되는 이유에 집중하는 경향이 있다. 그래서 결국 문제를 해결하고 개척하기보다는 현실에 안주하고 바뀌지 않으려 한다. 자신이 예상한 대로 실패한 사례에만 집중하면서 "그것 봐, 내 말이 맞잖아. 역시 힘들어. 나도 안 하길 잘했지"라는 태도를 가지면서 자기 위안을 삼는다.

비단 투자뿐만이 아니다. 일상생활에서든 직장생활에서든 이러한 비관적인 태도는 상당히 위험하다. 특히 처음 하는 일에 맞닥뜨렸을 때 더욱 그렇다. 한 번도 해보지 않은 일에 대해 본인이 확신을 가지지 못한다면 과연 시작을 할 수 있을까? 당연히 힘들다. 사람은 본능적으로 위험을 회피하려는 경향이 있다. 이는 자기방어로 어찌 보면 당연한 본능이다. 처음에는 '그래, 나도 할 수 있다'는 마음을 먹지만 시간이 지나면서 불안이 엄습해온다. 자기도 모르는 사이 실패할 때의 모습과 안 해도 되는 이유를 찾기 시작한다. 결국 하지 않아도 되는 이유를 찾게 되고 합리화를 하면서 행동으로 옮기지 못한다. 하지만 세상은 실패에 대한 두려움을 극복하고 행동으로 옮긴 자들에게 길을 열어준다. 어찌 보면 두려움을 극복하고 행동하는 용기는 성공한 이들에겐 피할 수 없는 통과의례인 셈이다.

내 주변에도 이런 비관주의자들이 있었다. 셰어하우스를 시작할지 말지 고민하던 시기, 주변 지인들에게 이에 관해 이야기했을 때 들었던 말들은 이랬다. "모르는 사람이랑 어떻게 같이 살아?" "나 같으면 차라리 돈 더 주고 혼자 산다." "그게 되겠어?" "그냥 이유 없이 걱정된다." 물론 당시만 해도 셰어하우스를 잘 모르는 사람들이 훨씬 더 많았으니 긍정적인 평가를 할 수 없었는지도 모른다. 하지만 당시 이런 의견을 낸 사람들은 걱정스러운 눈으로 날 바라볼 뿐 셰어하우스에 대해 긍정적인 비전을 못 보았다.

나 역시 처음에는 걱정했지만 '실패하면 어쩌지?'라는 생각은 한 적이 없었다. 안 되면 내가 살자고 생각했다. 당시 주변 원룸 시세와 분위기를 조사한 결과 잘될 거라는 판단이 들었다. 그래서 막연히 안 될 거라는 생각보다는 내가 입주자를 오게 만들겠다고 다짐했다. 그 과정이 내 생각보다 힘든 때도 있었고 고독한 적도 있었다. 그러다가 사랑하는 사람들과 멀어지기도 했고 가까운 사람들과 문제가 발생하기도 했다. 마치 세상에 나 홀로 남겨진 것만 같았다. 하지만 긍정의 힘으로 무장한 나는 결국 단기간에 홍대와 강남 일대에 4개의 셰어하우스를 성공적으로 운영하게 되었다. 꿈에만 그리던 일이 현실로 된 것이다. 나는 두려움을 회피하지 않고 정면으로 바라보았다. 자신감과 용기 그리고 긍정의 힘은 실로 대단했다. 사업은 특별한 사람들만 한다는 생각을 가진 적도 있었지만 이제 더는 그렇게 생각하지 않는다. 용기와 실행력만 있으면 누구나 사업가가 될 수 있다. 그리고 누구나 셰어하우스를 운영할 수 있다.

05

세상의 빛이 되는
1인 사업가가 되자

허리 쭉 펴고 자고 싶어요. 새우잠 청년들

위 사진은 한때 인터넷상에서 화제였던 심규동 작가의 사진전 '고시텔'에 전시된 작품들이다. 한눈에 보기에도 비좁은 방에서 생활하는 사람들의 모습이 불편해 보인다. 2평도 안 되는 공간에서 발도 제대로 뻗지 못하고 누워 있는 모습이 안쓰럽고 자극적이기까지 하다.

2016년 통계청에 의하면 신규 채용된 청년의 비정규직 비율은 64%에 이른다. 같은 해 청년실업률은 12.5%로 1999년 IMF 이후로 역대 최고치를 경신했다. 2015년 기준으로 20대 평균월급은 약 130

만원인 것으로 조사되었다. 또한
같은 해 서울 1인 청년가구 주거
빈곤율은 무려 36.3%에 달했다
고 발표했다. 현재 청년들은 높
은 실업률과 주거문제로 극심한
스트레스를 겪고 있음을 짐작할
수 있다. 참으로 안타까운 현실
이다.

　특히 서울에서 대학을 다니거
나 정규직 혹은 비정규직으로 일
자리를 구해 생활해야 하는 경우
쾌적한 원룸을 구하기가 부담스
러운 것이 현실이다. 보통 서울
지역에서 원룸을 구하려면 평균
적으로 보증금 1000만원에 월세
48만원이 있어야 한다. 하지만

출처 : 심규동작가 사진전

높은 보증금과 월세는 청년들에게 큰 부담이다. 이러한 이유로 생활
이 다소 불편하더라도 이를 감수하고 고시원 등 비교적 월세가 저렴
한 집을 찾는 것이다.

　정부에서도 이러한 청년 주거문제를 해결하기 위해 리모델링형
사회주택을 2017년 총 290호를 공급할 계획이라고 밝혔다. 리모

델링형 사회주택사업이란 노후된 고시원, 여관, 모텔 등 비주택을 셰어하우스 형태로 리모델링하여 무주택자인 1인가구 청년들에게 최장 6~10년간 주변시세의 80%의 저렴한 임대료로 공급하는 사업이다. 정부 역시 청년 주거문제의 심각성을 인지하고 있다는 의미이다.

최근 사회 문제로 대두되는 청년 주거문제는 셰어하우스가 효과적인 해결책이 될 수 있다. 거시적인 관점에서 살펴보면 남는 공간을 낭비하지 않아 공간 효용이 극대화 된다는 점에서 최근 세계적인 경제 패러다임인 공유경제와도 부합한다. 즉 셰어하우스는 필연적으로 등장할 수밖에 없는 새로운 주거형태인 것이다.

임대인과 임차인이 win-win 하는 아름다운 시스템

최근 부동산의 새로운 틈새시장인 셰어하우스는 집주인은 높은 임대수익을 올리고 세입자는 저렴한 비용으로 주거환경의 질을 높일 수 있다는 점에서 주목 받고 있다. 즉 집주인과 임차인이 win-win 효과를 얻는 자본주의에서 보기 드문 아름다운 시스템이다. 따라서 셰어하우스 운영자는 보람과 긍지를 가지고 운영할 수 있다.

'집주인' 이라는 단어는 긍정적인 느낌보다는 이기적이고 조금 부정적인 느낌이 드는 것이 사실이다. 아마 자본주의 사회에서 흔히

'가진 자'로 인식되고 있고 TV 등 여러 매체에서 악덕 이미지로 등장하는 경우가 많았기 때문은 아닐까? 돈 없고 힘없는 약자인 세입자에게 월세를 뜯어가는 나쁜 이미지로 비춰지는 것이다. 혹은 실제로 많은 집주인들이 세입자에게 소위 '갑질'을 많이 했기 때문인지도 모른다. 즉 많은 사람들에게 집주인과 세입자는 냉정한 갑을 관계이자 결코 편할 수 없는 관계로 인식되어 있다.

하지만 셰어하우스는 조금 다르다. 만약 셰어하우스 운영자가 소위 말하는 집주인이라는 생각으로 입주자들에게 갑질을 한다면 그 셰어하우스는 운영되기가 힘들다. 그러기 전에 운영자는 극심한 스트레스로 운영 자체를 버겁게 느낄 가능성이 크다. 셰어하우스는 기본적으로 입주자들을 위한 서비스를 제공하는 사업이기 때문이다. 특히 한 공간에 여러 명의 입주자가 생활하기 때문에 운영 중 입주자들의 요구사항과 문제를 적극 해결해 나가야 한다. 기본적으로 입주자를 위하는 서비스 정신이 없으면 입주자들의 요구사항을 만족시킬 수 없고 따라서 지속하기 힘들다.

처음 셰어하우스 운영을 시작했을 때 나는 구체적인 계획보다는 좋은 일이라는 생각으로 막연하게 시작했다. 무엇보다 큰 기대를 하지 않았고, 어느 정도 손해를 볼 생각을 하고 추진했다. 그렇게 시작한 이후 중간중간 힘든 일들도 많았지만 우여곡절 끝에 다행히 아직까지는 성공적으로 운영하고 있다. 운영을 시작한 지 오래되지는 않았지만 짧은 기간 동안 느낀 보람은 정말 진하고 의미가 깊다.

처음에는 서로 어색했지만 함께 생활하면서 자연스럽게 친해지고 서로 힘든 일이 있을 때 응원하는 사이가 되었다. 비록 다들 직장도 다르고 하는 일도 모두 다르지만 힘들 때 카카오톡으로 서로 응원하고 바쁜 와중에 시간이 되면 함께 밥도 먹고 이야기도 하면서 큰 힘을 얻었다. 셰어하우스를 시작하지 않았다면 느낄 수 없는 감동이었다. 지금도 나는 입주자들에게 진심으로 감사하고 있고 힘들 때 큰 힘을 얻고 있다.

셰어하우스에 거주하는 입주자들은 직종과 배경이 모두 다르다. 공통점이 있다면 하루하루 열심히 살아가는 분들이라는 점이다. 비록 시험에서 떨어졌지만 나 역시 경제적 여유가 없는 수험생이던 시절, 고시원 생활을 하며 생활비를 아끼며 생활했다. 내 주변에는 나보다 열악한 환경에 처해 있으면서도 하루하루 웃음을 잃지 않고 열심히 살아가는 친구들이 있었다. 그래서 셰어하우스에 거주하는 사람들의 마음을 민감하게 느끼는 편이다. 가끔은 살짝 짓는 표정만 봐도 입주자들의 기분을 느낄 수 있다. 내가 그 아픔을 모두 헤아리고 치유해 줄 수는 없지만, 적어도 집에서 머무는 동안만이라도 편안하고 기분 좋게 생활하길 바랄 뿐이다. 내가 하는 말 한 마디와 행동이 함께 사는 분들에게 조금이라도 밝은 기운을 준다면 정말 더 바랄 것이 없다.

· 2부 ·

셰어하우스 어디서부터
시작해야 하나요?

06

내게 맞는
셰어하우스 구하기

집은 어디에서 찾을까?

셰어하우스 운영을 위한 집을 마련하는 방법으로는 크게 주택을 매입하는 방법과 임대를 해서 전대차 계약을 하는 방법이 있다. 먼저 주택 매입을 통해 운영하는 방법을 알아보자.

일반적으로 주택 매입을 하는 방법은 크게 공/경매를 통해 매입하는 방법과, 부동산 급매를 통해 매입하는 방법, 두 가지가 있다.

공매

공매란 공공기관에 의해 강제적으로 이루어지는 매매를 의미한다. 정부기관이나 공기업 등이 보유한 부동산을 자산관리공사 등에서 경쟁입찰방식으로 매각하는 형태이다. 공매는 경매와 달리 '온비드 (www.onbid.co.kr)' 라는 온라인 사이트에서 물건을 확인하고 입찰할 수 있다.

경매

경매란 경쟁입찰방식으로 매매한다는 뜻으로 법원이 민사소송법에 따라서 매각하게 된다. 대법원 경매사이트(www.courtauction.go.kr)에서 물건을 검색할 수 있고 물건 소재지의 관할 법원에서 입찰하면 된다.

급매

급매는 일반적으로 시세보다 저렴하게 나온 부동산 매물을 말한다. 주로 부동산을 통해 급매 물건을 확인할 수 있으며 공매나 경매에 비해 대출이 까다롭다는 단점이 있으나 짧은 기간 내에 저렴한 가격으로 원하는 물건을 매입할 수 있다는 장점이 있다.

주택 유형별로 보는 셰어하우스

위의 그래프는 컴앤스테이에서 2013년부터 2017년까지 셰어하우스로 운영되고 있는 주택 유형을 조사한 자료이다. 아파트 유형이 가장 많은 주요 이유는 다른 유형의 주택에 비해 건물 상태가 쾌적하고 보안이 잘 되어 일반적으로 사람들이 가장 많이 선호하기 때문이다. 여기서 주목할 점은 2016년 이후 다세대 다가구 건물이 눈에 띄게 급증했다는 사실이다. 최근 셰어하우스가 일반 임대에서 보기 힘든 높은 수익률을 달성하면서 부동산 시장의 신 투자처로 주목 받기 때문이다. 특히 다세대 다가구 건물을 개조해 셰어하우스로 운영하면 규모의 경제 성격을 갖는 셰어하우스의 특성상 상당히 높은 수익률을 달성할 수 있기에 급증한 것으로 보인다.

하우스 타입별증가 그래프

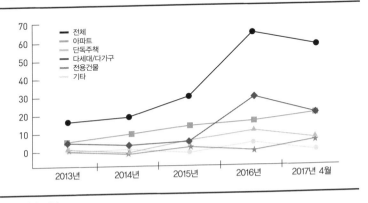

출처 : 컴앤스테이

아파트

현재 운영되는 셰어하우스의 가장 대표적인 주택 유형은 아파트이다. 아파트는 기본적으로 시설이 쾌적하고 일반 빌라에 비해 보안이 좋다. 셰어하우스 운영에 있어 가장 중요한 요소인 입지에 있어서도 좋은 평가를 받는다. 또한 아파트 내 헬스장, 편의시설 등 기본 부대시설을 활용할 수 있기 때문에 셰어하우스 입주자들이 보다 쾌적하고 편리하게 생활할 수 있다는 장점이 있다.

하지만 다른 유형의 주택에 비해 매매가격이 높게 형성되어 있으며, 보안이 좋고 부대시설을 갖춘 만큼 관리비도 타 유형보다 높은 편이다.

아파트로 셰어하우스를 운영하는 경우 방은 세 개 이상이 좋다.

가장 많은 쉐어하우스 타입

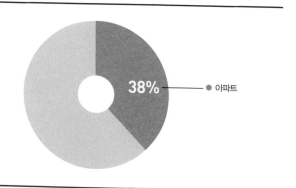

출처 : 컴앤스테이

아파트의 기본 매매가격이 높은 편이기 때문에 입주자를 적게 받으면 수익률이 낮아지기 때문이다.

특히 대형 평형의 아파트는 셰어하우스를 운영하기 가장 좋은 형태이다. 셰어하우스는 입주자의 수가 많을수록 수익률이 커지는 규모의 경제 성격을 갖기 때문이다. 최근 1인가구의 증가로 인해 중소형 평형의 아파트 선호현상이 두드러지고 있다. 하지만 중소형 평형의 아파트를 많은 사람들이 선호하면서 분양가격도 자연히 상승했다. 대형 평형의 아파트도 선호하는 분위기이지만 아직까지는 중소형 평형과 비교해 평당 단가가 저렴하다. 실제로 최근에는 대형 평형의 아파트를 셰어하우스로 개조해 운영하는 사례를 많이 목격할 수 있다.

오피스텔

오피스텔의 가장 큰 장점은 아파트와 마찬가지로 교통 등 입지가 좋은 곳에 위치한다는 점이다. 오피스텔 주변에는 버스나 지하철이 있는 편이고 편의점 및 마트 등 생활편의시설도 비교적 잘 갖추어져 있다.

하지만 다세대 및 다가구 주택보다 매매금액이 비싸고 여럿이 함께 살기에는 공간이 넓지 않다는 단점이 있다. 오피스텔은 셰어하우스로 운영하기보다 주로 여행자들을 위한 게스트하우스로 많이 이용한다. 셰어하우스는 게스트하우스보다 일반적으로 입주자의 거주기간이 긴 편이어서, 거실이 넓지 않고 방의 개수가 한정적인 오피스텔은 여럿이 오랫동안 한 공간에서 거주하기에 불편할 수 있다.

빌라

빌라도 셰어하우스로 운영되는 경우가 많다. 빌라는 다가구 및 다세대 주택을 생각하면 된다. 빌라의 장점은 우선 아파트나 오피스텔에 비해 낮은 가격으로 매매할 수 있다는 점이다. 일반적으로 빌라는 교통 등 입지조건이 천차만별이고 노후된 건물도 많은 편이기 때문에 옥석 가리기를 잘하면 저렴한 가격에 좋은 건물을 구할 수 있다. 실제로 내가 운영하는 셰어하우스는 모두 다가구 및 다세대 주택이다. 그중에서도 주로 반지하 건물을 셰어하우스로 운영하고 있다. 같은 건물이라도 반지하와 지상 층의 매매가격은 차이가 많이 난다. 따라서 저렴한 매매가격으로 셰어하우스를 운영하고 싶다면 상태 좋은 반지하 빌라를 매매하는 것도 좋은 방법이다. 일반적으로 수익률은 초기 매입 비용에서 결정되기 때문이다.

하지만 빌라는 아파트 및 오피스텔에 비해 보안이 좋지 않은 편이고 외부로 노출되면 사생활이 침해될 위험이 있다. 오래된 건물의 경우 하자 및 보수 비용이 발생할 수 있다는 단점이 있다. 실제로 내가 운영하는 셰어하우스 중 한 곳이 일부 누수되어 한동안 고생한

적이 있다. 하지만 운영에 큰 문제가 될 만한 하자가 없다면 빌라로 셰어하우스를 운영하는 것도 좋은 선택이다.

마지막으로 다가구 주택과 다세대 주택의 차이를 알아보자.

다가구 주택이란 주택으로 사용하는 층수가 3층 이하인 주택으로 바닥면적이 660제곱미터(주차장 면적은 제외) 이하의 2가구 이상 19가구 이하인 주택이다. 다가구 주택의 소유주는 1인이다. 다세대 주택은 주택으로 사용하는 층수가 4층 이하인 주택으로 바닥면적이 660제곱미터(주차장면적 제외) 이하의 2가구 이상 19가구 이하인 주택이다. 다세대 주택의 소유주는 여러 명이다.

즉 다가구 주택과 다세대 주택의 가장 큰 차이점은 소유주가 한 명인지 아닌지이다. 등기부등본을 열람했을 때 다가구 주택은 단독 건물로 표시되기 때문에 여러 명이 거주를 하더라도 토지와 건물에 대해 개별등기가 되어 있지 않다. 만약 집주인이 여러 명이라면 공유지분을 나눈 것으로 표시되고 별도로 개별등기가 되지 않지만, 다세대 주택은 지분이 개별등기가 되어 있다. 구체적으로 살펴보면 다음과 같다.

구분	다가구 주택	다세대 주택
정의	건물 연면적 660m² 이하 3층 이하의 건축물	건물 연면적 660 m² 이하 4층 이하의 건축물
용도 및 기준	1. 세대별 하나의 건축물 안에서 각각 독립된 주거생활을 영위 2. 단독주택으로 분류 3. 구분소유 및 분양 불가능	1. 세대별 하나의 건축물 안에서 각각 독립된 주거생활을 영위 2. 공동주택으로 분류 3. 구분소유와 분양 가능
규모와 시설	1. 연면적 660 m² 이하 2. 3층 이하 3. 총 세대수가 2세대 이상 19세대 이하 4. 가구당 방과 부엌, 화장실 및 현관을 구비하고 있음 5. 가구별 난방시설이 설치되어 있음	1. 연면적 660 m² 이하 2. 4층 이하 3. 총 세대수가 2세대 이상 19세대 이하 4. 주거구획당 면적이 220 m² 이상이며, 세대당 각각의 방, 부엌, 화장실, 현관이 확보되어 있음 5. 세대별 전용 상수도 및 난방이 설치되어 있음

07

가장 중요한 입지!
위치 선정 노하우 대공개

성공적인 셰어하우스 운영을 위한 가장 주요 요소는 입지라고 할 수 있다. 아무리 건물 상태가 쾌적하고 인테리어가 아름답더라도 교통이 불편하거나 주변에 생활편의시설이 충분하지 않다면 입주자들에게 매력이 떨어진다. 셰어하우스에 입주하는 사람들은 대부분 대학생이나 직장인이기 때문에 평소 학교나 직장으로 쉽게 이동할 수 있기를 원한다. 따라서 위치는 성공적인 셰어하우스 운영을 위한 가장 기본적이고 핵심적인 요소이다.

그렇다면 셰어하우스 운영을 위한 좋은 입지는 어떤 기준으로 고르면 좋을까? 현재 내가 운영하고 있는 서울 지역을 중심으로 좋은 입지를 알아보자.

무조건 역세권이다. 그중에서도 월세가 비싼 지역
—

셰어하우스를 주로 이용하는 층이 사회초년생들인 점을 감안하면 어디에서 셰어하우스를 운영하는 것이 좋은지 단서를 찾을 수 있다. 좋은 입지 조건은 뭐니 뭐니 해도 교통환경이다. 따라서 서울의 경우 더블 혹은 트리플 역세권이라면 기본적으로 좋은 입지를 갖추었다고 볼 수 있다. 보통 더블 역세권 주변은 유동인구가 많아 버스도 편리하게 이용할 수 있다.

서울 주요 환승역 월세 평균가

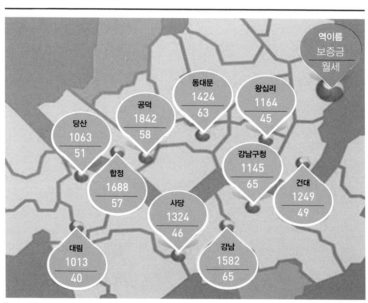

출처 : 다방

위 자료는 서울의 주요 환승역 인근의 월세 평균가를 조사한 것이다. 보증금과 월세가 가장 비싼 지역은 강남으로 평균 보증금 1582만원에 월세 65만원, 그 다음으로 눈에 띄는 지역은 마포구로 공덕역과 합정역 주변도 비교적 월세가 높다. 일반적으로 셰어하우스를 운영하기 좋은 입지조건 중의 하나는 월세가 비싼 지역이다. 그래야 집을 구하는 사람들 입장에서 셰어하우스의 장점인 저렴한 보증금과 월세가 큰 매력으로 다가오기 때문이다. 즉 셰어하우스를 찾는 사람들이 많다. 하지만 셰어하우스 운영을 위한 건물 매매가격 또한 높은 것이 사실이다. 이런 경우 전대차 계약을 통해 운영하거나 상대적으로 싸게 내놓은 급매로 건물을 매입하는 방법 등을 활용하는 것이 좋다.

2030 세대가 모이는 곳이 답이다

성공적인 셰어하우스 운영을 위한 핵심 요인은 앞서 제시한 교통 이외에 2030 세대가 모이는 지역을 꼽을 수 있다. 2030 세대가 모이는 대표적인 곳은 대학가이다. 위는 서울에 있는 주요 대학 인근 원룸의 평균 보증금과 월세를 조사한 자료이다. 서울은 평균적으로 보증금과 월세가 높은 편이다. 앞서 설명했듯이 셰어하우스 수요가 풍부한 곳은 주변 월세가 비싼 곳이다. 평균 보증금과 월세가 높은 지역이라는 것은 그만큼 사람들에게 매력적인 지역이라는 증거다. 하

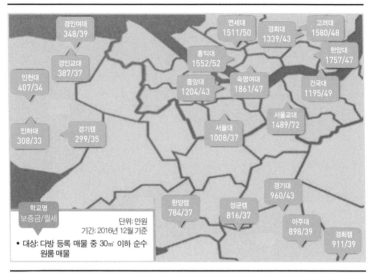

수도권 주요 대학가 평균 월세 지도

출처 : 다방

지만 그만큼 셰어하우스 운영을 위한 주택을 마련하고 유지하는 데
드는 비용도 큰 편이므로 본인이 가용할 수 있는 예산과 기타 여러
사항을 고려해 적합한 지역을 선정해야 한다.

대학가 이외에도 여러 기업이 밀집한 업무지구 그리고 2015년부
터 시작된 공기업 및 공공기관의 지방 이전에 따른 지역 역시 셰어
하우스 운영에 적합하다.

위 자료는 내가 생각하는 셰어하우스를 운영하기 좋은 지역을 표
시한 것이다. 크게 세 지역으로 표시했다. 첫 번째는 신촌, 홍대, 합
정역이다. 홍대역은 공항철도 및 경의선 그리고 2호선이 함께 모이

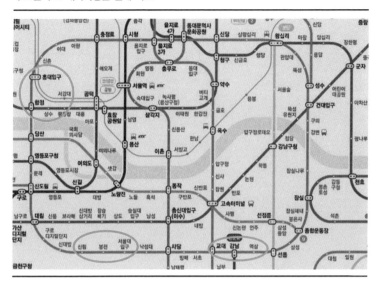

는 트리플 역세권이고, 외국인들이 많이 모이며, 젊은 학생 및 직장인이 많이 거주하고 모이는 지역이다. 인근 대학교로는 홍익대학교가 있다. 신촌역은 대학가가 밀집한 대표 지역으로 인근에 연세대학교, 서강대학교 등이 있기 때문에 셰어하우스를 찾는 대학생들이 많은 편이다. 합정역은 2호선과 6호선이 함께 지나는 더블 역세권으로 쾌적한 생활환경을 자랑한다. 주변에 망원시장, 양화 한강공원 등이 있어 생활용품을 구입하거나 여가를 즐기기에 좋다. 특히 마포구 서교동은 2015년 기준 1인가구 비중이 47.9%로 거의 절반 정도에 육박한다.

현재 내가 운영하는 셰어하우스 위치는 합정역과 강남역 주변이다. 물론 서울에 있는 주요 환승 지하철역의 경우 마포와 강남 외의 지역도 일반적으로 수요는 나쁘지 않은 편이다. 내가 여러 지역 중에서 합정역과 강남역 인근을 선택한 이유는 우선 2030 세대인 사회 초년생이 많이 모이는 지역이고 생활환경이 쾌적하기 때문이다. 실제로 합정역에서 운영하는 셰어하우스에 거주하는 입주자들 대부분은 평균 나이가 26세 정도인 대학생과 직장인이다. 강남역에서 운영하는 셰어하우스의 경우 연락을 주는 사람들 대부분이 지하철 강남역, 역삼역, 선릉역 주변 회사에서 근무하는 직장인이다. 입주자들이 근무하는 직장과 집이 가까운 직주 근접요건을 충족하기 때문이다. 2015년 기준으로 강남구 논현동의 경우 53.5%, 역삼동의 49.7%가 1인가구인 것으로 조사되었다.

또 다른 지역은 서울시 관악구이다. 지도에서 신림동 및 서울대입구 지역에 해당한다. 관악구는 '대한민국 싱글족 1번지'로 불릴 만큼 1인가구 비율이 60%에 달해 전국 최고 수준이다. 두 집 중 한 집이 1인가구인 셈이다. 따라서 자연스럽게 SNS 등을 통해 모르는 사람과 함께 만나 밥을 먹는 '소셜다이닝'과 셰어하우스를 찾는 사람들이 많다.

함부로 단언할 수 없지만 위 세 지역은 셰어하우스 운영을 위한 수요가 서울 지역 중에서 가장 많다고 생각한다. 이 지역들을 선택한 또 다른 이유는 높은 보증금과 월세 때문이다. 특히 학생들이 이들 지역에서 원룸을 구하기는 부담이 된다. 따라서 셰어하우스가 가지는 가장 큰 장점인 저렴한 보증금과 월세는 충분히 매력적이다.

많이 다닌 만큼 보인다. 우리 동네부터 살피자
—

지금까지 셰어하우스를 운영하려면 어떤 지역이 좋은지 입지와 수요 중심으로 알아보았다. 물론 위 지역이 객관적으로 셰어하우스를 운영하기 좋은 입지이기는 하지만 어디까지나 확률이 높을 뿐이다. 사실 매력적인 지역은 그만큼 경쟁도 심하다. 특히 최근 1년 사이 홍대역과 강남역 주변에는 셰어하우스가 눈에 띄게 증가했다. 내 생각에 위 두 지역은 이미 월세 가격경쟁이 시작된 것으로 판단된다. 따라서 쾌적하지 않거나 셰어하우스를 방문한 사람들을 끌 만한 특징이 없다면 경쟁에서 밀려날 수 있다. 그러므로 무조건 이들 지역에서 셰어하우스 운영을 해야 한다고 생각하기보다 운영자 본인이 사는 지역 등 자신이 잘 아는 지역부터 분석하는 것이 가장 중요하다.

특정 지역의 교통환경과 주변 인프라를 가장 잘 아는 사람은 당연히 그곳에서 오래 산 사람이다. 설령 자신이 사는 지역이 객관적으로 셰어하우스를 운영하기에 매력적이지 않다는 생각이 들더라도 가까운 곳에서부터 입지를 분석해야 좋은 입지를 보는 눈이 생긴다. 따라서 본인이 실제 거주하는 지역을 살펴보고, 만약 좋은 곳에 위치한 건물을 발견했다면 직접 인근 부동산을 방문하는 등 발품을 팔아 분석하는 것도 많은 공부가 된다.

나는 20년 이상을 홍대, 신촌 등 마포구 주변에서 거주했다. 그래서 어렸을 때부터 지금까지 동네가 어떻게 변해왔고 사람들이 가장 많이 찾는 장소가 어디인지 자연스럽게 알아갔다. 사실 홍대는 내가 가장 좋아하는 지역이다. 다행히 이곳은 셰어하우스를 운영하기에 적합한 입지와 기타 조건들을 갖추고 있다. 그래서 처음 매입한 셰어하우스 홍대 1호점은 매입 전에 이미 교통 및 주변 환경을 잘 파악하고 있었다. 비록 오래된 반지하 빌라지만 그 조건을 상쇄할 만큼 주변 입지와 분위기가 훌륭하다고 판단했다. 나는 셰어하우스를 운영하기 훨씬 전부터 부동산 분야에 관심이 많은 편이었지만, 바쁘다는 핑계로 공부를 하지 않아 그 분야에 대한 지식은 전무하다시피 했다. 그런데도 네이버 부동산 검색 등을 통해 관심 있는 건물을 발견하면 주말에 직접 방문하거나 부동산을 찾아가 그 건물 월세와 주변 시세를 물어보고는 했다. 그렇게 작은 관심으로 시작한 행동이 셰어하우스를 운영하는 데 많은 도움이 되었다.

따라서 이 책을 읽는 예비 운영자들도 주변부터 관심을 갖고 발품을 파는 등 조금씩 실천하기를 바란다. 단언컨대 분명 가까운 미래에 이런 일련의 활동들이 많은 도움이 되었다고 생각할 날이 올 것이다. 지식으로 아는 것과 실전으로 아는 것은 다르다. 지식으로 아는 것을 1이라고 하면 실천을 통해 체득한 지식은 3 이상이라고 생각한다. 직접 행동으로 옮기면 예상하지 못했던 일들이 생기기도 하고 그것을 해결하기 위한 방법까지 함께 공부하게 되기 때문이다. 따라서 현재 자신이 셰어하우스를 시작하는 데 필요한 지식이 부족하다는 생각이 들더라도 거기서 멈추지 말고 자신감을 가지고 하나하나 실천해 가면서 배운다는 자세로 행동하길 바란다. 모든 경험은 그 자체로 의미가 있고 결국 자신을 성장시킨다.

08

집이 없어도 셰어하우스를
할 수 있다고?

셰어하우스 운영은 본인 소유의 집이 있어야만 운영이 가능한 것일까? 만약 그렇다면 셰어하우스는 지금처럼 많이 생겨나지 못했을 것이다. 사실 현재 운영되는 셰어하우스의 대부분은 본인 소유의 집이 아닌 임대차 계약을 통해 운영되는 경우가 많다. 임대차 계약을 통해 운영할 경우 임대차 계약 기간이 지난 후에 투자금을 회수할 수 있고 장기계약이 가능한 경우 안정적으로 높은 수익을 달성할 수 있다는 장점이 있다. 하지만 리모델링이나 인테리어 등에 제약이 있고 집주인이 재계약을 해주지 않는 경우 운영에 차질이 생기는 단점도 있다. 그래도 적은 금액으로 셰어하우스를 할 수 있는 가장 효과적인 방법으로 주목 받고 있다. 집이 없어도 셰어하우스를 운영할 수 있는 방법에 대해 자세히 알아보자.

전대차 계약으로 셰어하우스 운영하기
—

셰어하우스 운영에 관심을 갖는 사람들이 하루가 다르게 늘고 있다. 내가 한때 몸담고 있던 커뮤니티 및 주변 지인들은 내게 셰어하우스 운영을 하려면 어떻게 해야 하는지 자문을 구하는 일이 많았다. 그래서 나의 셰어하우스 운영 노하우를 전달하기 위한 강의도 한 적이 있고 개인적인 상담도 진행했다.

　내게 문의한 사람들은 크게 두 유형으로 나뉜다. 한 유형은 50대 이상 중장년 층으로 본인이 집을 소유하고 있는 경우, 다른 한 유형은 집을 소유하지는 않았지만 셰어하우스 운영을 원하는 경우였다. 전자는 건물 자체에 큰 하자가 없고 교통 등의 입지조건을 충족한다면 기본적인 인테리어 등을 통해 바로 셰어하우스로 운영이 가능하다. 하지만 후자라면 다른 방법이 필요하다. 본인 집이 없어도 셰어하우스를 운영하는 방법 중 하나로 전대차 계약을 통한 방법을 소개한다.

　전대차 계약이란 집주인(이하 A)과 임차인(이하 B:셰어하우스 운영자)이 임대차 계약을 하고 B가 새로 임차인(이하 C:셰어하우스 입주자)과 재임대계약을 하는 경우를 말한다. 셰어하우스 운영을 하려면 A와 B가

전대차 계약을 체결해야 한다. 그렇지 않으면 민법 제 629조에 의거, A는 C와 임대차 계약을 해지할 수 있도록 되어 있다. 따라서 전대차 계약을 통해 셰어하우스 운영을 하고자 한다면 임대차 계약 시 특약사항으로 "임대인은 임차인이 해당 건물을 전대로 운영하는 것을 허용한다"라는 문구를 정확히 명시해야 한다.

하지만 실제로 집주인 입장에서 전대차 계약을 허용해 주는 경우는 생각보다 많지 않다. 특히 임차인이 셰어하우스를 운영하기 위해 전대차 계약을 체결하고 싶다고 할 경우 집주인 입장에서는 '오 괜찮은 사업인데? 그렇다면 내가 하는 게 좋겠다' 라고 생각할 수도 있다. 물론 집주인과 셰어하우스 운영자 간에 합의가 되어 성공적으로 계약을 체결하면 좋겠지만 이론과 현실은 다를 수 있다.

그렇다면 전대차 계약 이외에 집주인의 동의 없이 셰어하우스 운영을 하는 것은 불가능할까? 다행히도 방법이 있다. 그것도 두 가지나. 지금부터 자세히 살펴보자.

전세권설정등기로 셰어하우스 운영하기
―

첫 번째 방법은 집주인에게 전세권설정등기를 하도록 요구하는 방법이다. 전세권설정등기란 전세권자(셰어하우스 운영자)가 전세금을 지급하고 집주인의 부동산을 점유해 그 부동산을 용도에 따라 사용,

수익하기 위해 설정하는 등기이다. 일반적인 임대차 계약은 전세권 설정등기를 하기보다는 임차인이 전입신고를 하고 확정일자를 받는 방법을 선택한다. 기본적으로 임차인이 이 두 가지를 하는 이유는 본인의 전세보증금을 안전하게 지키기 위해서다. 임차인은 전입신고 및 확정일자를 받는 방법을 많이 선택하는 편이다. 셰어하우스 운영은 위 두 경우 모두 가능하다. 먼저 전세권설정등기를 하는 방법에 대해 살펴보자.

전세권설정등기를 하게 되면 집주인은 임차인(셰어하우스운영자)이 집주인 동의 없이 본인의 집에 다른 사람과 임대계약을 체결해 운영한다고 하더라도 이를 이유로 계약을 해지할 수 없다. 따로 전대차 계약을 하지 않더라도 집주인이 전세권설정등기를 해주면 임차인(셰어하우스 운영자)은 합법적으로 입주자를 모집하고 계약하는 것이 가능하다.

하지만 실제로 집주인에게 전세권설정등기를 요구하는 것은 생각만큼 편하지는 않다. 전세권설정등기를 하기 위해서는 집주인의 동의가 필요할뿐더러 집주인의 등기권리증 및 신분증 등 서류가 필요하기 때문이다. 그리고 임대계약 시 전입신고를 하고 확정일자를 임차인이 하면 되는데 굳이 전세권설정등기를 요구하는 것도 어색한 상황이 될 수 있다.

그렇다면 어떻게 해야 어색하지 않게 전세권설정등기를 할 수 있을까? 주변 지인이 사용했던 방법을 공개하겠다. 먼저 집주인에게 임차인(셰어하우스 운영자) 본인이 현재 임대계약을 체결한 집에 전입신고를 할 수 없는 상황임을 설명한다. 실제로 임차인이 전입신고를 할 수 없는 상황은 많다. 사택 등에 거주하는 직장인의 경우가 대표적이다. 따라서 이런 이유를 들어 현재 전입신고를 할 수 없는 상황이니 전세권설정등기를 하겠다고 이야기를 해보면 된다.

전입신고 및 확정일자를 받고 셰어하우스 운영하기
—

전입신고 및 확정일자를 받는 것은 대부분의 임차인이 전세보증금을 지키기 위한 방법이다. 관할 주민센터에 방문하거나 인터넷 등기소 사이트에 접속해 간단히 진행할 수 있다.

집주인의 동의가 없어도 셰어하우스 운영자인 임차인이 계약한 건물에 대해 전입신고를 하고 확정일자를 받고 운영하는 것도 가능하다. 단 주의할 점이 있다. 임차인인 셰어하우스 운영자는 전입신고를 하고 계약한 집에 실제로 거주해야 법적으로 보호 받을 수 있다. 민법 제632조에는 "전 3조의 규정은 임차인이 그 건물의 소부분을 타인에게 사용하게 하는 경우에는 적용하지 아니한다"고 명시되어 있다. 즉 민법에서는 원칙적으로 임차권의 전대를 금지하나 예외적으로 임차인 본인이 살고 있는 집의 소부분을 다른 사람에게 월세를 줄 경우 집주인의 동의가 없어도 가능함을 명시하고 있다. '소부분' 이란 일반적으로 임대차 관계에 있는 부동산 면적의 50%를 넘지 않는 부분을 뜻한다. 따라서 운영자가 입주자들과 함께 거주할 경우 집주인의 동의 없이도 셰어하우스를 운영할 수 있다.

임차인이 실 거주를 하지 않고 남는 방에 입주자를 받아 임대계약을 체결하면, 전대차 계약이 되어 법적으로 보호를 받을 수 없다. 이런 상황을 집주인이 발견한 경우 셰어하우스 운영자인 임차인에게 임대차 계약 위반을 이유로 계약 해지를 요구할 수 있다. 이 점이 앞서 설명한 전세권설정등기와의 차이점이다. 즉 전세권설정등기의 경우 임차인이 계약한 집에 거주하지 않더라도 합법적으로 입주자와 임대차 계약을 체결할 수 있다. 따라서 임대차 계약을 통해 셰어하우스 운영을 하려 할 경우 이 점을 유의하고 상황에 맞는 방법으로 진행해 운영에 차질이 없게끔 해야 한다.

셰어하우스 업체에 의뢰해서 운영하기

업체를 통해 셰어하우스를 운영하는 방법도 있다. 스스로 셰어하우스를 운영하기 부담스럽다고 판단할 경우 국내 셰어하우스 업체에 의뢰할 수 있다. 이 경우 현재 본인이 운영하고자 하는 집이 셰어하우스로 적합한지 셰어하우스 업체 측과의 컨설팅을 통해 진행하게 된다. 상담 결과 운영이 적합하다는 결과가 나오면 인테리어 및 이후 입주자 모집까지 위탁 수수료를 받고 관리해준다.

따라서 셰어하우스 업체를 통해 운영을 맡길 경우 각 셰어하우스 홈페이지에 접속해 요건을 확인한 후 상세한 상담을 통해 진행 여부를 결정하면 된다. 보통 업체에 의뢰할 경우 운영 수익률은 4~8% 정도이다.

"임대사업자 등록을 반드시 해야 하나요?"
—

셰어하우스 운영과 관련해 많이 받는 질문 중 하나가 셰어하우스를 운영하려면 임대사업자 등록을 해야 하는지 여부이다. 결론만 말하면 그렇지 않다. 에어비앤비를 통해 외국인을 모집하는 경우 운영자인 호스트는 관할 구청 문화예술과에 관광사업자로 등록해야 운영이 가능하다. 반면 셰어하우스는 셰어하우스를 위한 사업자 등록을 반드시 할 필요는 없다. 운영하면서 발생하는 수익에 대한 세금만 성실히 납부하면 아무 문제가 없다.

2014년 2월 26일 정부는 2주택 이상 보유자에 대해 연 월세소득이 2000만원 이하인 경우 임대소득을 분리과세하기로 했다. 임대소득에 대한 세율은 14%이다. 주택 임대소득에 대한 과세 방식은 2104년 이후 1주택자에 대해선 비과세, 2주택 이상 보유자에 대해선 연 2000만원 이하의 임대소득을 얻는 경우 분리과세를 하고

2000만원을 초과하는 경우에 종합과세를 하고 있다. 원래는 2016년까지 비과세를 유지하기로 했으나 이후 과도기를 더 늘려 2018년까지 연장한 상태이다. 여기서 2000만원 이하 임대소득의 범위에는 3주택 이상자도 포함된다.

임대소득을 신고하는 경우 임대소득의 60%를 필요경비로 인정해 임대소득에서 공제해준다. 이 외에 다른 소득이 2000만원 이하인 경우 400만원의 기본공제를 받는다. 따라서 임대소득의 공제에 대해 큰 부담을 가지지 않아도 된다. 단, 필요경비를 입증하기 위한 서류는 평소에 잘 정리해 세금공제를 받는 데 활용하자.

사업자로 등록하고 셰어하우스 운영을 하는 것도 가능하다. 이 경우 국세청에 부동산 임대업 중 주택임대로 신청해 면세사업자로 신청하면 된다. 그리고 관할 세무서에서 사업자 등록을 신청하면 된다. 따라서 셰어하우스 운영자는 여러 방식을 충분히 검토하여 자신의 상황에 맞는 방식을 선택해 운영하면 된다.

09

빛 좋은 개살구는 NO!
유형별 마법의 수익률 달성 비법

지금까지 셰어하우스를 운영하기 위한 기본 사항들을 알아보았다. 하지만 더 중요한 것은 성공적인 셰어하우스 운영이다. 성공적인 셰어하우스 운영은 한 마디로 공실률이 거의 없고 높은 수익률을 달성하는 것이라고 할 수 있다.

수익률은 계약서를 작성하는 순간 결정된다

사실 수익률은 계약서를 작성하는 순간 결정된다. 주택 매매를 통해 운영하거나 집주인과의 임대차 계약을 통해 운영하는 경우 특히 중요하다. 결론적으로 주택 매매의 경우 낮은 가격으로 매매를 하고, 임대차 계약의 경우 저렴한 보증금과 월세로 계약하고 셰어하우스로 운영하는 것이 마법의 수익률을 달성하기 위한 첫 번째 관문이자 가장 핵심 사항이다.

좋은 건물을 저렴한 비용으로 매매하기란 쉬운 일이 아니다. 일반적으로 상태가 좋은 건물은 매매 가격이 높게 형성되어 있다. 따라서 평소 매물에 관심을 가지고 꾸준히 조사하고 부동산을 방문하는 등의 노력을 해야 한다. 건물을 저렴하게 사는 방법으로 공매 및 경매 그리고 급매가 있다.

부동산 공/경매의 최대 장점은 일반 매매에 비해 대출이 많이 된다는 점이다. 과거 공/경매는 시세 대비 저렴한 가격으로 낙찰 받는 경우가 많아 매력적인 투자처로 주목 받았지만 최근 몇 년간 부동산 공경매 시장은 낙찰가와 시세가 거의 차이가 나지 않는 분위기로 예전 같지는 않다. 그래도 여전히 부동산 투자처로 주목 받고 있다.

그 외에 주택을 상대적으로 저렴하게 매입하는 방법으로 부동산 급매로 나온 물건을 사는 경우가 있다. 급매로 내놓은 물건은 인터넷 검색을 통해 확인이 가능하다. 주로 부동산을 거쳐 나오는데, 해당 물건이 있는 주소지로 찾아가 집주인을 직접 만날 수 있는 상황이 된다면 그렇게 하는 것도 저렴하게 물건을 매입할 수 있는 방법이다. 부동산을 통해 거래할 경우 집주인과 직접 가격 협상을 하기가 어렵기 때문이다. 물론 집주인과 직접 만나기 어렵다면 부동산을 통해 최대한 가격 협상을 하면 된다. 성공할 경우 적게는 1000만원 많게는 그 이상의 비용을 절약할 수 있다. 일반적으로 주택을 매매하면 취득록세 및 부동산 중개수수료 등 각종 비용이 발생한다. 따라서 이런 비용까지 생각해 최대한 비용을 줄이도록 협상하는 것이 좋다.

단기적으로나 장기적으로나 높은 수익률 달성을 위한 기본 공식은 낮은 투자비용임을 잊지 말자.

하자 없는 집 고르는 노하우

—

하자 없는 집은 성공적인 셰어하우스 운영을 위한 기본적이고도 중요한 조건이다. 아무리 집을 저렴하게 매입했어도 하자 있는 집이라면 지속적인 셰어하우스 운영이 불가능하기 때문이다. 특히 오래된 주택의 경우 누수되거나 벽에 균열이 생기는 등 하자가 있을 확률이 크다. 따라서 집을 매매하거나 임대차 계약을 진행하기 전에 추후 문제가 되는 부분이 없을지 꼼꼼히 점검해야 한다.

건물의 하자 여부를 확인하는 대표적인 사항으로 결로, 곰팡이, 벽의 균열, 누수 등이 있다. 결로는 실내외 온도 차가 심한 경우 실내 공기 층의 습기가 벽이나 천정 등에 이슬이 되어 맺히는 현상이다. 보통 결로가 생긴 부분에는 곰팡이가 생기는 경우가 많다. 한 번 생기면 잘 해결되지 않는 하자 중 하나이므로 결로 여부를 꼼꼼하게 확인하자.

또 다른 주요 하자 사유인 누수는 천장에서 발생하기도 하고 난방 배관이 파열되어 발생하기도 한다. 또한 건물 외벽 균열을 통해 건물 내부가 누수되는 등 여러 형태가 있다. 원인을 알게 되면 누수되는 부분의 보수를 통해 누수를 막는 것이 가능하지만 가장 큰 문제는 원인을 못 찾는 경우이다. 누수 원인을 발견하지 못하면 누수탐지 업체에 의뢰한다. 기본 비용은 15만원 정도가 들고 원인을 발견해야 비용이 발생한다. 업체 측에서 누수의 원인을 찾지 못하면 비용은 발생하지 않는 편이다. 하자 정도에 따라 다르지만 보통 하자 치유까지 포함하면 보통 30만원 정도로 해결이 가능하다. 하지만 적은 비용이 아니므로 가급적 계약 전에 건물 상태를 면밀히 점검해 누수 여부를 잘 확인하자.

본인 소유의 집으로 셰어하우스 운영하기

현재 본인이 소유하거나 거주하고 있는 집도 셰어하우스 운영이 가능하다. 본인 명의로 된 집에 사용하지 않는 빈 방이 두 개 이상 있으면 셰어하우스 운영이 가능하다. 물론 본인 소유의 집이 아니라고 하더라도 전입신고를 하고 거주하는 상태라면 남는 방을 셰어하우스로 운영할 수 있다.

특히 퇴직을 앞둔 5060 세대의 경우 자녀가 독립하면서 남는 방을 비워두는 경우가 많다. 만약 남는 방을 특별한 용도로 사용할 목적이 없다면 그냥 비워두기보다는 셰어하우스 운영을 통해 노후대비를 하는 것도 좋은 방법이다.

본인 소유의 집은 리모델링 및 인테리어에 제약이 없기 때문에 자유롭게 셰어하우스로 운영할 수 있다는 장점이 있다. 집 구조나 건물 상태 그리고 입지가 좋은 편이라면 최소한의 비용으로 셰어하우스 운영이 가능하다. 일례로 상태가 좋은 집이라면 도배 및 장판 그리고 침대 및 가구 등을 주문하면 바로 셰어하우스 운영이 가능하다. 보통 도배와 장판은 20평 기준으로 130만원 정도, 그리고 에어컨, 냉장고, 세탁기, 침대, 가구 등 생활물품은 약 400만원 정도면 새 상품을 구매해 세팅할 수 있다. 즉 530만원 정도면 셰어하우스 운영을 위한 인테리어 및 물품 구비가 가능한 것이다. 만약 남는 방 2개를 셰어하우스로 운영한다고 가정하자. 큰방의 경우 2명의 입주자를 받고 작은 방은 한 명을 받는다. 2인실은 35만원, 1인실은 45만원을 월세로 받는다고 가정하면 매달 115만원의 월세 수익이 발생한다. 만약 보증금을 1인당 100만원씩 받을 경우 총 300만원의 보증금이 들어온다. 결론적으로 230만원을 추가로 투자해 매달 115만원의 수익을 내는 시스템을 만드는 것이다. 놀랍지 않은가? 셰어하우스는 규모의 경제 효과가 있기 때문에 방의 개수가 많을수록 수익률은 훨씬 더 높아진다.

본인 소유의 집이 아니면 리모델링에 제약이 있는 편이지만 기본적인 집의 생태가 크게 나쁘지 않다면 간단한 인테리어를 통해 남는 방을 셰어하우스로 운영할 수 있다. 남는 방을 셰어하우스로 운영해 함께 살면 다소 불편한 점도 있을 수 있지만 혼자라는 외로움을 어느 정도 해소할 수 있고 매달 월세를 받는다는 큰 매력이 있다. 입지가 좋은 지역에 남는 공간이 많다는 것은 거시적 관점으로 보면 큰 낭비이다. 특히 최근 청년들의 주거문제가 심각한 문제로 떠오르고 있는 상황을 반영하면 더욱 그렇다. 셰어하우스 시스템은 지금 현실에 꼭 필요하고, 큰 의미가 있는 아름다운 시스템이다. 청년들이 저렴한 월세로 마음 편하게 거주할 수 있는 셰어하우스는 앞으로도 많아져야 한다고 생각한다.

셀프 인테리어 배우기
—

셰어하우스를 운영하려면 기본적으로 리모델링 및 인테리어 비용 그리고 물품 세팅 비용이 발생한다. 셀프 인테리어를 통해 셰어하우스를 준비할 경우 투자비용이 줄기 때문에 업체에 맡기는 것에 비해 높은 수익률을 달성할 수 있다.

일반적으로 셀프 인테리어로 많이 작업하는 영역은 도배와 장판이다. 도배 및 장판을 셀프로 시공하면 약 130만원의 비용 절감이 가능하다. 도배와 장판 물품은 방산시장, 인터넷 주문 등으로 구입이 가능하다. 방산시장은 서울시 중구 을지로에 있는 시장으로 인테리어에 필요한 자재를 구입하는 대표적인 곳이다. 다른 곳에 비해 저렴한 가격으로 다양한 종류의 도배와 장판을 직접 보고 선택할 수 있다. 상점 주인에게 평수와 집의 조건을 이야기하면 그에 맞는 견적을 구체적으로 받을 수 있다는 장점이 있다.

하지만 시간이 없으면 인터넷으로 도배와 장판 주문이 가능하다. 최근 풀 바른 벽지가 나와 손재주가 없는 사람들도 비교적 쉽게 도배 작업을 할 수 있게 되었다. 보통 풀 바른 벽지는 도착한 후 3일 이내에 작업하는 것이 좋다. 시간이 많이 지나면 풀이 마르기 때문이다. 따라서 도배작업 전 일정을 여유롭게 잡고 작업하는 데 차질이 없도록 해야 한다. 장판도 인터넷으로 주문하는 것이 가능하다. 장판의 종류로는 크게 롤장판과 데코타일이 있다. 데코타일은 상가 및 사무실 바닥에 주로 사용했는데 내구성이 좋고 깔끔한 느낌을 주어 최근에는 일반 가정집 장판으로 많이 시공한다. 롤장판은 우리가 아는 장판으로 다양한 디자인과 높은 내구성으로 좋은 반응을 얻고 있다.

물론 도배 및 장판 작업은 저절로 되는 것이 아니다. 셀프로 도배 및 장판시공을 잘하고 싶다면 도배와 장판작업 기술을 알려주는 기관에서 배우는 것이 좋다. 대표적인 곳으로 한국 폴리텍대학과 서울시에서 운영하는 기술교육원이 있다. 서울시에서 운영하는 기술교육원은 동부, 중부, 북부, 남부 이렇게 네 곳에서 운영하고 있다. 따라서 도배와 장판 등 인테리어 기술을 습득하고 싶다면 아래 사이트에 접속해 확인하라.

- 한국 폴리텍 대학 www.kopo.ac.kr
- 서울특별시 기술교육원 www.stechedu.or.kr
- 서울특별시 동부기술교육원 www.dbedu.or.kr
- 서울특별시 중부기술교육원 www.jbedu.or.kr
- 서울특별시 북부기술교육원 www.bukedu.or.kr
- 서울특별시 남부기술교육원 www.nbedu.or.kr

도배와 장판 외에 셀프로 인테리어를 할 수 있는 영역은 타일시공, 페인트, 조명 달기, 방문손잡이 교체 등 여러 가지가 있다. 특히 전동드릴을 사용할 줄 알면 여러모로 편리하다. 커튼을 설치하려면 먼저 커튼봉을 달아야 하는데 이때 전동드릴을 사용해 벽에 구멍을 뚫어야 한다. 그 외에 소소한 작업들도 대부분 전동드릴을 이용하는 경우가 많다. 이럴 때 일일이 작업자를 불러 진행하면 기본출장비 외 작업비용이 추가되어 생각보다 많은 비용이 소요된다. 따라서 평소 전동드릴을 사용하는 방법을 익혀두면 소소한 인테리어 비용을 절감할 수 있다.

전대차로 셰어하우스 운영하기

—

본인 소유의 집이 아닌 임대차 계약을 통해 셰어하우스를 운영하는 경우 계약 기간 이후 전세금을 그대로 회수할 수 있고 일반적으로 집을 소유할 때 발생하는 세금 등의 부대비용을 줄일 수 있다는 장점이 있다. 심지어는 임대계약 기간 동안 성공적으로 운영할 경우 1년도 안 되는 기간에 투자금을 전부 회수할 수도 있다.

전대차 계약으로 셰어하우스를 운영할 경우 가능하다면 계약기간을 길게 합의하는 것이 중요하다. 일반적으로 주택 임대차 계약 기간은 1년 내지 2년인데 이렇게 계약하면 집주인이 계약기간을 연장해서 계약해주지 않을 경우 문제가 된다. 셰어하우스 운영을 위한 물품을 전부 처분해야 하기 때문에 충분한 수익률을 달성하기 힘들어지기 때문이다. 실제로 나는 집주인과의 합의로 4년간 임대하는 조건으로 계약했다. 물론 일반적으로 장기간 임대 여부는 집주인의 판단에 따르기 때문에 합의가 되지 않을 수도 있지만, 가능하다면 장기로 계약해야 안정적으로 운영이 가능하고 충분한 수익률을 달성할 수 있다.

예를 들어 서울 주요 지역에서 주택 임대차 계약을 통해 셰어하우스를 운영하고자 하는 경우를 살펴보자. 조금 오래된 방 3개, 화장실 1개인 빌라의 경우 반전세로 나온 물건이라면 보통 보증금 1000만원에 월세 60만원 정도면 계약이 가능하다. 이경우 2인실은 월세 35만원, 1인실은 월세 40만원, 보증금은 각각 100만원으로 운영한다고 가정하자. 여기서 기대되는 예상 수익률은 다음과 같다.

- 2인실 : 보증금 100만원, 월세 35만원×2=70만원

- 1인실 : 보증금 100만원, 월세 40만원×2=80만원

- 수익 : 150만원×12개월=1,800만원(공실률 10% 가정하면 1620만원)

- 비용 : 60만원×12개월=720만원(월세)

- 인테리어 : 약 600만원

- 투자금 : 임차보증금＋인테리어비용－입주자보증금
  (1000만원＋600만원－400만원=1200만원)

- 예상 수익률 : $\dfrac{수익-비용}{투자금}×100$

  $(\dfrac{900만원}{1200만원}×100=75\%)$

자그마치 75%라는 수익률이 나온다. 말도 안 되는 것처럼 느껴지는, 엄청나게 매력적인 수익률 아닌가! 물론 집의 상태에 따라 투자비용은 다를 수 있지만 그런 변수를 감안하더라도 지난 몇 년간 초저금리 시대인 것을 감안하면 환상적인 수익률이다. 아마 부동산 임대를 통해 이런 수익률을 달성하는 경우는 거의 전무후무할 것이다.

· 3부 ·

첫눈에 반하는
예쁜 셰어하우스 인테리어

10

절대 망하지 않는
인테리어 노하우 대공개

불과 얼마 전만 해도 대부분의 셰어하우스는 여럿이 같이 산다는 측면에 중점을 두고 운영하는 경우가 많았다. 즉 생활의 질을 높여주는 아름답고 쾌적한 인테리어를 하기보다 기능에 초점을 맞추었다. 하지만 최근에는 여러 셰어하우스 업체가 생겨나면서 경쟁이 심화되었다. 따라서 눈에 띄지 않으면 입주자를 모집하기가 어려워졌다.

최근 모집광고를 살펴보면 세련되고 아름다운 인테리어를 자랑하는 셰어하우스가 증가했다. 만약 월세가 비슷하다면 집을 고르는 사람 입장에서는 당연히 인테리어가 훌륭한 집을 선택할 확률이 높다.

시간이 갈수록 셰어하우스 시장도 경쟁이 심화되고 있다. 이런 경쟁적인 환경에서 지속 가능한 운영을 위해서는 초반에 아름답고 쾌적한 인테리어를 하는 데 신경을 써야 한다.

물론 전대차 계약으로 셰어하우스를 운영하는 경우 인테리어 시공에 제약이 있는 것은 사실이다. 따라서 운영자가 생각하는 수익률 기준과 집주인과의 협상 등을 통해 최선을 다해 깔끔하고 쾌적한 분위기를 만들도록 노력해야 한다.

본인 집으로 셰어하우스를 운영하면 인테리어에 제약이 없는 편이니 주어진 예산과 상황을 고려해 인테리어를 진행하면 된다.

최신 트렌드를 수줍게 반영하라

인테리어를 시작하기에 앞서 어떤 콘셉트로 포인트를 줄지 고려해야 한다. 일반적으로 셰어하우스 거주자는 2030 세대로 비교적 젊은 계층이며 단기간 거주하는 경우가 많다. 따라서 일반 임대차 계약과 달리 무난한 인테리어보다 트렌드를 반영한 인테리어로 감각적인 느낌을 어필하는 것이 좋다. 그래야 새로 들어오는 입주자들을 모집하기도 수월하고 기존 입주자와의 재계약 확률도 높아지기 때문이다. 물론 입주자를 머물게 하는 요인이 단지 인테리어만은 아니지만 살고 싶은 느낌을 주는 아름다운 인테리어는 집을 보러 온 사람들과 입주자들의 마음을 사로잡는 결정적인 역할을 하기도 한다.

따라서 감각적이고 아름다운 인테리어 시공을 통해 한눈에 봤을 때 기분이 좋고 살고 싶은 느낌을 주어야 한다.

최신 트렌드를 반영하는 인테리어는 사실 거창한 작업이 아니다. 마치 인테리어 전문잡지에 나오는 경우처럼 완벽에 가깝게 꾸밀 필요는 없으며, 그렇게 꾸미기도 어렵다. 예를 들어 본인이 운영할 셰어하우스를 북유럽풍 인테리어로 진행한다고 가정하자. 여기서 생각해야 할 점은 북유럽풍 인테리어의 가장 큰 포인트가 무엇인지 파악하는 것이다. 일반적으로 북유럽풍 인테리어는 미니멀리즘을 바탕으로 여기에 특정 패턴 혹은 컬러풀한 소품으로 간결하게 포인트를 주는 것이 특징이다. 그렇다면 기본적으로 인테리어의 배경이 되는 도배와 장판, 침대 및 가구 컬러는 색감이 화려한 것보다 화이트나 그레이 컬러로 깔끔하게 통일하는 것이 좋다. 여기에 식탁의자나 타일작업으로 깔끔한 배경에 포인트를 준다.

즉 깔끔한 기본작업 후 의자나 액자 등에 포인트만 줘도 감각 있는 셰어하우스로 재탄생할 수 있다. 최신 트렌드 등을 반영하는 방법은 이하 '11장 모태 곰손이 금손 되는 비법'에서 자세히 소개하고 있다. 셰어하우스 인테리어를 시작하는 운영자는 이를 참고하여 진행하면 많은 도움이 될 것이다.

가성비 甲! 인테리어 물품 구입하는 방법

—

셰어하우스는 기본적으로 입주자가 개인물품만 가지고 와도 생활이 가능하도록 대부분의 생활물품을 갖추고 있다. 따라서 냉장고, 세탁기, 에어컨, 침대, 가구 등은 셰어하우스 운영자가 비치하게 된다. 사실 이 모든 물품을 구입하려면 비용이 상당히 많이 든다. 물품구입에 있어 비용이 많이 들면 투자금이 많이 드는 결과가 초래되어 결국 셰어하우스 운영 수익률이 낮아진다. 지금부터 물품을 구입하는 비용을 최대한 줄일 수 있는 방법을 간단히 소개하겠다.

새 상품을 구입하는 경우 최대한 저렴하게 구입할 수 있는 방법을 알아보자. 냉장고나 세탁기 등 가전제품을 구입할 때는 오프라인 매장보다는 인터넷을 통해 구매하는 편이 훨씬 저렴하다. 당장 급하게 물건을 구입해야 하는 상황이 아니라면 매장구입은 재고해야 한다. 보통 오프라인 매장에서 파는 가전제품 가격은 매장 운영비와 인건비 등이 물건 가격에 포함되기 때문에 당연히 온라인으로 구입하는 것보다 가격이 높을 수밖에 없다.

인터넷으로 가전 등의 제품을 구입할 때 가격비교는 어떻게 하는 것이 좋을까? 인터넷 검색어에 에어컨을 치면 같은 상품이라도 가격이 천차만별이다. 워낙 종류도 많고 다양해 여기서 가장 낮은 가격과 옵션을 모두 갖춘 제품을 분별하는 것은 시간도 많이 걸리고 비효율적이다. 이런 문제를 해결하기 위해 나는 '다나와', '에누리

닷컴' 등의 사이트를 통해 구매자들이 가장 만족한 상품이 무엇인지 검색한 후 구매를 진행한다. 개인적인 경험에 따르면 이들 사이트에서 원하는 물품을 검색한 후 구매를 진행했을 때 실패한 적이 거의 없다. 따라서 스스로 가장 좋은 물품이 무엇인지 판단하기 어렵다면 위 사이트를 통해 확인한 후 구매하는 것을 추천한다.

이 외에도 위메프, 티몬, 쿠팡 등 소셜커머스를 통해 구입하는 방법이 있다. 모든 물건이 그렇지는 않지만 소셜커머스 사이트에서 판매하는 상품은 상품의 원래 가격보다는 대개 저렴한 편이다. 하지만 간혹 하자가 있는 물품이 배송되기도 하니 이 점만 유의하면 합리적인 가격으로 물품구매가 가능하다.

중고로 가전가구 등을 구입하는 방법을 알아보자. 사람들이 많이 이용하는 사이트로 '중고나라' 가 있다. 본인이 가지고 있는 물건을 저렴한 가격에 올려 개인 간 거래를 하는 사이트이다. 저렴한 비용으로 물건을 구매할 수 있다는 장점이 있지만, 물건의 품질이나 상대방의 신용을 검증하는 기관이나 절차가 없기 때문에 하자가 있는 물건을 받거나 사기 등의 문제가 발생할 수 있다. 하지만 하자가 없는 물건을 저렴한 가격으로 거래 시 운영자 입장에서는 높은 만족도를 느낄 수 있다.

그 외 물품을 조금 더 저렴하게 구입할 수 있는 방법이 있다. 특히 가구 등은 자체 비용이 아무리 저렴하더라도 배송비가 많이 든다. 보통 가구의 크기와 무게에 따라 배송비용이 정해지는데 가구 한 개당 배송비를 일일이 지불할 경우 비용이 너무 많이 든다는 문제가 있다. 나도 처음에 셰어하우스 운영 물품을 구입할 때에는 배송비를 전부 지불했다. 배송비만 아꼈어도 가구 몇 개를 더 살 수 있는 금액이었다. 그래서 이 문제를 어떻게 해결하면 좋을지를 고민했다.

가구를 구입할 때 배송비가 없는 경우로는 오프라인 가구 매장에서 구입하는 것이다. 가구의 상태를 직접 확인할 수 있고 가구업체 사장님과 개별협상을 통해 배송비를 낮출 수 있는 장점이 있다. 하지만 아무래도 오프라인 매장이다 보니 가구 자체의 가격이 온라인만큼 저렴한 편은 아니다. 시간적 여유가 없어 급하게 가구를 비치해야 하는 상황이라면 이 방법도 나쁘진 않다.

시간적 여유가 있다면 인터넷으로 검색해 배송을 진행한 기사에게 개인적으로 연락해서 직거래를 하고 배송비를 줄이도록 협상하는 방법도 있다. 이렇게 진행하면 물건의 품질도 보장받을 수 있고 배송비 부담을 줄여 물품을 구매할 수 있다. 운영자 입장에서 가장 만족스러운 방법을 찾아 진행하면 된다.

인테리어 액자, 소품 등은 운영자 본인의 취향에 따라 매장 혹은 인터넷 검색을 통해 구입할 수 있다. 거실 벽 등에 액자로 포인트를 주는 것도 집안 분위기를 세련되고 환하게 하는 좋은 방법이지만 지나친 것은 모자란 것만 못할 수 있다. 벽에 너무 많은 액자를 걸거나 너무 많은 소품을 활용해 인테리어를 할 경우 문제가 될 수 있다. 입주자들이 생활하면서 손상되는 경우도 있고 공간을 많이 차지하게 되는 등 운영자 입장에서 관리하는 데 많은 신경을 써야 하는 불편함이 있다. 인테리어 소품 등은 적절히 포인트를 주는 목적으로 활용하자.

계약서는 첫 단추! 첫 단추를 잘 끼우자

세어하우스 인테리어를 진행하는 데 있어 계약서를 작성하는 경우는 크게 두 가지이다. 하나는 업체 측에 전반적 혹은 부분적으로 인테리어 공사를 맡기는 경우이고 또 하나는 물품을 구매하고 개인적으로 작업자에 의뢰해서 인테리어를 하는 방법이다. 전자는 거래 당사자 간 계약서를 서면으로 작성하지만 후자는 그렇지 않고 작업자 일당을 지불하고 진행하는 경우가 많다.

인테리어 시공 시 계약서는 중요한 역할을 한다. 특히 전체적인 리모델링을 한 업체를 통해 진행하면 더욱 그렇다. 내가 처음 오픈한 세어하우스의 경우 기본 배관공사 등이 필요한 상황이라 지인이 아는 대형 업체를 통해 전부 맡겨 진행했지만 문제는 처음부터 발생했다. 전반적인 리모델링을 하는 경우 예를 들어 주방이면 주방, 욕실이면 욕실 이렇게 나누어 상세 품목이 나온 명세서를 받아야 하는데 그렇지 않고 단순 명세서만 받은 것이다. 물론 상세명세서를 요구했지만 그 업체를 소개해준 지인은 가격 저렴하게 맞춰 준거라고 이야기를 했고 막상 상세명세서를 요구하니 그렇게 되면 비용이 더 추가

되는데 괜찮겠냐고 오히려 되물었다. 이미 바닥 배관 공사가 진행된 상황이라 되돌리기가 어려웠다. 모든 것이 처음이라 생긴 실수였다. 결국 리모델링 작업과 진행과정 내내 작업자들과 입씨름을 했고 결국 작업 중단 상태에까지 이르렀다. 하지만 결국 서로 조금씩 양보하며 마무리를 했고 다행히 다사다난했던 리모델링을 마칠 수 있었다.

계약서는 모든 작업의 첫 단추이다. 첫 단추를 잘못 끼면 이후 진행되는 작업과정에서 마찰이 생길 가능성은 커지기 마련이다. 따라서 이런 일을 겪고 싶지 않다면 처음에 계약서를 잘 읽어보고 의문이 가거나 문제가 될 만한 부분은 확실히 정리해야 한다. 작성된 계약서에 서명을 하면 끝이다. 그 이후에는 문제될 부분이 있어도 시정하기 어려우므로, 반드시 서명하기 전에 정확히 확인하고 수정해야 한다. 특히 화장실이나 주방 등은 하자보수 조항을 꼼꼼하게 확인해야 한다. 구체적으로 A/S 기간은 언제까지인지, 하자보수 방법은 어떻게 진행되는지 계약서에 정확하게 명시되어 있는지 확인해야 뒤탈이 없다.

그 외에 인테리어 물품을 직접 구매하고 셀프로 인테리어를 하는 경우는 구매한 제품의 A/S가 언제까지 되는지 등을 잘 확인해야 한다. 그리고 작업자들을 개인적으로 섭외해 리모델링을 진행할 때 하자가 발생할 경우 하자 치유를 어떻게 할 것인지 협상할 필요가 있다. 이 부분이 정확히 합의되지 않을 경우 나중에 제품설치 후 하자가 생겼을 때 또 다른 작업자를 불러야 하는 문제가 있다. 따라서 이런 일을 피하려면 하자를 보상하는 업체에 속한 작업자를 섭외하거나 개인적으로 섭외하더라도 이 점을 분명히 해야 한다.

요구사항은 정확하게 제시하라

셀프로 인테리어를 진행하는 것이 아니라 업체 혹은 개인작업자를 통해 인테리어 리모델링을 진행하는 경우 가장 중요한 점은 요구사항을 정확히 제시하는 것이다. 그나마 업체를 통해 진행하는 경우는 조금 덜하지만 개인적으로 아는 작업자가 아니라 모르는 작업자라면 더욱 중요하다. 알아서 정확하고 깔끔하게 마무리를 해주는 작업자는 거의 없다고 보면 된다. 만약 요구사항을 정확히 전달하지 않았는데도 작업자가 알아서 깔끔하게 문제없이 작업을 완료했다면 그것은 운영자 개인의 행운이다.

얼마 전 나는 셰어하우스 4호점 리모델링을 마쳤다. 1호점부터 4호점까지 리모델링을 하고 인테리어를 직접 하기도 하고 개인적으로 작업자에게 일을 맡기고 진행한 적도 있다. 그 과정에서 정말 많은 사람들을 만났다. 그중에는 감사하고 미안한 마음이 들 정도로 완벽하게 작업해주신 분들도 있지만 반대로 '어떻게 일을 이렇게 하는 거지?'라는 생각이 들만큼 엉망으로 일한 사람들도 있다. 그 과정에서 깨달은 진리가 바로 요구사항은 정확하게 제시해야 한다는 것이다. 요구사항을 정확히 제시하지 않아 작업이 예상대로 진행되지 않거나 불만족스럽게 마무리되었을 때 사실상 복구가 어려운 경우가 많다.

욕실 리모델링을 한다고 가정해보자. 리모델링 의뢰를 하면 초반에 욕실 변기, 세면대, 샤워기, 욕실 소품 위치를 결정하게 된다. 특히 수건 걸이, 휴지 걸이, 비누 걸이 등 욕실 액세서리를 달 때 문제가 많이 생긴다. 욕실 액세서리는 이용자의 동선을 고려해 이용하기 편리하도록 설치해야 하는데 이를 고려하지 않고 대충 설치하는 경우가 많기 때문이다. 그러면 공간효율성도 떨어지고 이용자도 지속적으로 불편을 겪는 문제가 생긴다. 따라서 업체에 의뢰하는 경우에도 운영자가 판단했을 때 우려되는 부분이 있다면 작업자에게 정확하게 그 부분들을 제시해야 한다.

명심하자. 아무도 나를 대신해주지 않고 책임져주지 않는다. 냉정하게 느껴지는 이야기지만 적어도 적지 않은 비용과 시간이 소요되는 인테리어 리모델링을 진행할 때는 꼭 상기해야 할 말이다. 특히 처음 리모데링을 진행하는 경우 작업자에게 정확히 작업사항을 지시하는 것이 불편하고 힘들 수 있다. 하지만 정확하게 여러 번 전달하지 않으면 작업이 만족스럽지 않게 될 가능성이 커진다. 따라서 작업 진행에 앞서 본인이 원하는 사항과 문제가 될 만한 부분들을 작업자에게 정확히 전달해야 한다. 그래야 추후 문제가 생기지 않고 운영자와 입주자 모두 만족하는 셰어하우스가 될 수 있다.

11

모태 '곰손'이 '금손' 되는
인테리어 비법

인테리어 콘셉트는 어떻게 잡아야 하나요?

이제 드디어 인테리어를 시작할 차례다. 누구나 TV나 잡지에 나오는 것처럼 멋진 인테리어를 하고 싶을 것이다. 하지만 한 번도 인테리어를 해본 적이 없는 사람들은 도대체 어디서부터 어떻게 시작해야 할지 막막하기만 하다. 거기다 어릴 적부터 그림이나 꾸미기에 소질이 없다고 생각하는 사람은 얼마 지나지 않아 걱정에 휩싸이게 된다. 하지만 걱정할 필요가 없다. 본격적인 인테리어 작업을 하기에 앞서 전반적인 디자인과 콘셉트를 잡는 데 도움이 되는 방법을 소개하고자 한다. 대표적인 사이트로 네이버 블로그, 인스타그램,

핀터레스트가 있다.

네이버 블로그에 '인테리어'를 검색하면 관련 자료들이 많이 검색된다. 구체적으로 '북유럽풍 인테리어', '인테리어 소품', '셀프 인테리어' 등으로 검색하면 많은 사진과 정보를 확인할 수 있다. 대표적인 SNS 인스타그램 역시 인테리어 콘셉트를 잡는 데 큰 도움을 준다. 닐슨코리안클릭에 따르면 2016년 12월 기준으로 국내 인스타그램 이용자 수는 약 900만 명으로 전년대비 46% 급증했다. 인스타그램 하면 떠오르는 것이 '해시태그'이다. #인테리어, #인테리어그램, #인테리어소품, #북유럽풍인테리어 등으로 검색하면 다양하고 아름다운 인테리어 트렌드와 디자인을 볼 수 있다.

그리고 필자가 자주 이용하는 핀터레스트(Pinterest)가 있다. 페이스북이나 인스타그램처럼 SNS 매체이지만 다른 점이 있다면 훨씬 더 이미지 중심적이라는 것이다. 유저 활동의 중심이 콘텐츠 생산이 아니라 수집에 있기 때문에 핀터레스트엔 아예 글쓰기 기능이 없다. 모든 것이 이미지 중심이다. 따라서 핀터레스트에 접속해 '인테리어' 를 검색하면 훨씬 선명하게 인테리어 사진이 검색된다.

이 외에도 리빙센스, 메종 등이 인테리어 잡지들도 있다. 최근 트렌드가 궁금하다면 도서관이나 서점에 방문해 인테리어 관련 잡지를 보는 것도 콘셉트를 잡는 좋은 방법이다.

아무리 꾸미기에 소질이 없다고 생각하는 사람들이라도 앞서 제시한 매체에서 다양한 인테리어를 접하면 누구나 쉽게 인테리어 콘셉트를 잡을 수 있다. 물론 이미지대로 똑같이 하라는 의미가 아니다. 이미지 자료들을 통해 큰 그림을 그리라는 것이다. 즉 요즘 인테리어 트렌드가 무엇인지, 예비 입주자들이 좋아할 만한 요소가 무엇인지 캐치하려는 노력 말이다. 계속 보면 어느 순간 느낌이 온다. 이 느낌은 멋진 인테리어를 하기 위한 중요한 발판이 된다.

콘셉트를 잡았으면 인테리어를 어떻게 진행할지 생각해야 한다. 일반적으로 인테리어를 진행하는 방향은 크게 세 가지이다. 셀프로 진행하는 방법과 업체에 맡기는 방법 그리고 이 두 가지를 절충하는 방법이다. 물론 세 방법 모두 장단점이 있지만 필자는 마지막 유형인 절반씩 진행하는 방향이 효과적이라고 생각한다.

인테리어 작업 진행 순서는 어떻게?

인테리어 작업을 진행하기에 앞서 작업 순서를 먼저 고려해야 한다. 작업 순서를 제대로 계획하지 않으면 진행에 큰 차질이 생기게 된다. 따라서 가능하면 다음 순서대로 작업을 진행하는 것이 좋다.

가장 먼저 해야 할 부분은 기본설비 부분이다. 여기서 기본설비란 난방배관, 바닥, 철거 등을 말한다. 기본설비가 제대로 갖추어져야 다음 작업을 하는 것이 의미 있다. 예를 들어 바닥 배관의 하자를 발견하지 못하고 인테리어의 마지막 단계인 장판작업을 진행한다면? 당시에는 몰랐지만 시간이 지나고 누수가 발견될 경우 기존 장판을 모두 제거하고 바닥공사를 다시 해야 하는 큰 문제에 봉착한다. 따라서 기본설비에 문제가 없는지 가장 먼저 면밀히 확인해야 한다. 일반적으로 누수 여부는 전문 누수탐지업체를 통해 확인한다. 방문이나 창틀도 오래되고 낡아 교체할 필요성이 있다고 판단되면 본격적인 인테리어 작업 전에 철거한다.

기본설비가 정리되고 난 다음에는 주방 싱크대와 화장실 공사를 한다. 물론 싱크대와 화장실 상태가 좋으면 굳이 진행할 필요는 없다. 스스로 판단하기에 하자보수가 시급한 부분부터 먼저 진행하면 된다. 단 싱크대와 화장실 업체 작업자들이 겹치지 않도록 일정을 잘 조율해야 한다. 동시에 진행하기보다는 한 작업이 끝나고 바로 다른 작업을 진행하는 것을 추천한다.

기본설비에 이어 화장실과 싱크대 시공이 끝나고 나면 큰 공사는 거의 마친 셈이다. 이후에는 새시와 바닥타일 시공을 한다. 보통 화장실과 싱크대 작업을 할 때 타일작업을 진행하게 된다. 이 때 같이 진행해도 상관은 없다. 이후 벽이나 문 등 페인트 작업을 진행하고, 조명을 달 부분을 정확히 표시하고 마무리하는 작업을 한다. 전기배선과 콘센트 작업은 도배시공이 들어가기 전에 명확히 해두어야 한다. 도배하고 난 뒤에는 수정이 어렵기 때문이다. 앞선 작업이 모두 마무리 되면 가장 마지막에 도배와 장판작업을 진행한다. 도배와 장판 중 무엇을 먼저 하는 것이 좋은가에 관해서는 여러 의견이 있지만 나는 도배작업을 먼저 하는 것을 선호하는 편이다. 보통 장판 시공을 할 때 걸레받이 즉 몰딩 작업을 같이 하는 경우가 많기 때문이다. 만약 장판을 먼저 하고 도배를 나중에 할 경우 몰딩 부분의 마감이 깔끔하게 되지 않을 우려가 있기 때문에 도배를 먼저 하는 것을 추천한다.

도배와 장판이 끝나면 힘든 작업은 거의 끝났다. 이제는 침대 등 가구와 인테리어 소품들을 주문하고 꾸미면 된다. 이 단계는 지금까지 작업 중에서 가장 보람을 느끼는 단계이다. 인테리어 작업 과정은 분명히 쉽지 않지만 낡고 오래된 집이 내가 상상한 대로 조금씩 바뀌어가는 모습은 생각보다 큰 기쁨을 준다. 가장 보람 있는 순간은 집을 보러 온 사람들이 집이 정말 예쁘다고 말해줄 때다. 입주자들이 마음에 들어 하고 편하게 거주하는 것을 지켜보는 마음은 무엇과도 비교할 수 없는 큰 행복을 준다.

마지막으로 리모델링을 하기 전 유의사항이 있다. 작업자들이 주차가 가능하도록 반드시 주차 공간을 확보해 놓아야 한다는 것이다. 별도의 넓은 전용주차장이 있다면 다행이지만 그렇지 않은 경우가 훨씬 많다. 주차공간이 없어 작업자들이 주차를 할 수 없는 상황이 된다면 문제이다. 특히 화장실 리모델링 공사는 자재가 무겁고 종류가 많아서 문제가 더욱 심각하다. 실제로 내 경우 도배 작업자가 집 앞에 주차를 할 수 없어 다시 집으로 되돌아 가 자동차를 두고 오토바이로 바꿔서 타고 오셔서 남은 작업을 진행한 경우도 있었다. 당시 매우 죄송스러웠다. 주차공간 확보를 미리 생각하지 못했기 때문에 발생한 일이다. 리모델링을 문제 없이 성공적으로 진행하고자 한다면 사전에 작업자들이 예정대로 편안하게 작업할 수 있도록 작업 전에 미리 주차공간을 확보해야 한다.

아래 표는 리모델링 작업 전에 운영자가 반드시 점검해야 할 기본사항이다. 이를 참고하여 리모델링을 할 때 작업과정에서 문제가 생기지 않도록 하자.

인테리어 작업 시 반드시 확인해야 할 사항	점검
1. 각 인테리어 시공 날짜가 겹치진 않는가?	
2. 인테리어 시공 당일 주차 공간은 충분히 확보되어 있는가?	
3. 본인 집의 수도 계량기 위치를 정확히 알고 있는가?	
4. 리모델링 시공 중 소음문제 등으로 이웃주민이 항의할 가능성이 높은가?	
5. 공사 전 옆집 등 이웃주민에게 사전 양해를 구했는가?	

이제부터 구체적인 인테리어 진행 팁을 알려드리고자 한다.

방 인테리어

—

방은 입주자들이 가장 오래 머무는 공간이기 때문에 들어설 때부터
편안함과 쾌적함을 줘야 한다. 따라서 진하고 독특한 색상보다는 밝
고 편안한 느낌의 색을 벽지로 골라야 한다. 최근에는 벽지 디자인
과 색상이 다양해졌다. 벽지 하나로 놀랄 만큼 아름다운 변화를 줄
수 있다. 보통 많이 사용하는 색은 흰색이지만 최근에는 그레이, 인
디핑크, 민트, 그린 계열 색상도 선호한다. 장판의 경우 가급적 밝은
색상을 선택해야 집이 넓고 환해 보인다. 어두운 색상의 장판도 세
련되어 보일 수 있지만 나의 경험상 밝은 색상이 보기도 좋고 부담
이 적다.

방에는 침대, 옷장, 책상 등이 들어가게 된다. 셰어하우스나 게스
트하우스는 2층 침대를 사용하는 경우가 많고 최근에는 벙커침대와

벙커 침대   수납형 침대

수납형 침대를 많이 사용한다. 벙커침대는 일반적으로 철제 소재로 되어 있다. 디자인도 다양한데 침대 아래 책상이 함께 있는 모델도 있고 2층 모델도 있다. 이런 벙커침대는 공간활용을 효과적으로 할 수 있고 조립과 분리가 편하다는 장점이 있다. 수납형 침대 역시 물품을 보관할 공간을 제공한다는 점이 큰 장점이다. 특히 2인실의 경우 함께 생활하다 보면 수납공간이 부족한 경우가 많기 때문에 벙커 침대나 수납형 침대를 두면 이런 문제를 해결할 수 있다.

　가구는 대개 공간 차지가 큰 편이므로 부피가 큰 것보다는 틈새가구 등을 적절히 활용한다. 여성 입주자의 경우 충분히 옷을 수납할 공간이 필요하다, 따라서 틈새가구와 함께 2단 행어를 함께 설치하는 것도 좋은 방법이다.

　책상도 공간 차지가 크지 않은 모델을 고르는 것이 중요하다. 다양한 스타일의 1인용, 2인용 책상이 있으니 본인이 운영할 셰어하우스 공간 너비를 잘 고려해 적합한 모델을 골라야 한다.

방에 가구를 들여놓기 전에는 먼저 방과 가구의 사이즈를 정확하게 측정해야 한다. 필자의 경우 셰어하우스 1호점에 가구를 세팅할 때 정확한 수치를 확인하지 않아 애써 주문한 가구를 반품하는 고생을 해야 했다. 따라서 물건을 주문하기 전엔 항상 줄자를 휴대하여 꼼꼼하게 정확한 치수를 확인해야 한다.

거실 인테리어

거실은 공동생활 공간으로 기능하기 때문에 가급적 심플하고 편안한 콘셉트로 인테리어를 진행한다. 도배는 밝은 색상의 벽지를 선택한다. 과거에는 벽지를 대부분 흰색으로 고집했지만 본인의 취향에 따라 다른 색을 사용해도 좋다. 단 거실은 집에 들어오자마자 보이는 곳이므로 시각적으로 편한 느낌을 주는 것이 좋다.

거실이 넓으면 소파와 TV를 두는 경우가 많다. 여유 공간이 많다면 4인용 식탁과 책꽂이를 마련하는 것도 좋다. 하지만 거실이 좁다면 굳이 무리해서 소파와 TV를 둘 필요는 없다. 입주자들이 빨래 건조대를 두는 등 최소한의 여유공간이 있어야 하기 때문이다. 따라서 식탁 이외에 불필요한 물품은 가급적 두지 않도록 한다. 특히 직장생활을 하는 입주자들은 시간 여유가 많지 않기 때문에 생각보다 TV를 시청하는 경우는 많지 않다. 소중한 시간을 TV를 보며 보내는 것보다는 다른 생산적인 활동을 하는 것이 나을 수도 있다. 필자가 운영하는 셰어하우스에도 TV가 없으며 그 동안 TV가 없다는 이유로 문제가 생긴 적은 없다.

욕실 인테리어

나는 집에서 가장 중요한 곳이 어디냐고 묻는다면 욕실이라고 답한다. 하루의 시작과 끝은 대부분 욕실에서 보내기 때문이다. 그런데 이런 욕실이 쾌적하지 않다면 아무래도 기분이 찜찜할 것이다. 특히 여성 전용으로 운영하는 셰어하우스라면 욕실의 청결함은 무엇보다 중요하다. 따라서 셰어하우스를 진행하기 전에 욕실 상태를 꼼꼼히 점검해야 한다. 누수나 곰팡이가 있거나 너무 오래되어 욕실 상태가 크게 나쁘다면 전반적인 리모델링을 하는 것이 좋지만, 업체에 맡길 경우 본인이 따로 진행하는 것보다 비용이 많이 든다. 하지만 상태가 크게 나쁘다면 누수공사 등을 함께 진행해야 하므로 업체에 맡기는 편이 좋다. 전반적인 리모델링은 업체마다 가격은 다르지만 기본형으로 진행할 경우 약 150만원 선이면 충분하다. 여러 욕실 시공 업체와 충분히 조율하고 계약사항을 꼼꼼히 비교해 진행한다.

 욕실 상태가 좋다면 굳이 큰 돈을 들여가며 리모델링을 할 필요가 없다. 욕실은 사실 디자인보다는 기능과 청결함에 초점을 맞추는 편

품목	수량	가격
세면대	1	10만원
변기	1	7만원
수납장	1	5만원
거울	1	2만원
샤워수전	1	5만원
욕실용품세트	1	1만원
타일	1	10만원
합계		40만원

이 낫다. 특히 자주 사용하는 세면대와 변기 등의 파손은 없는지, 배관이 막혀 배수가 잘 되지 않는지 등을 잘 점검해야 한다. 브랜드마다 가격은 다르지만 일반형 변기는 5만원에서 10만원 사이면 구입할 수 있다. 세면대의 경우도 10만원 선이면 괜찮은 상품을 구입할 수 있다. 구입 후 상품을 직접 설치하기가 어렵다면 구입 업체 측에 설치를 의뢰한다. 설치비용은 일반적으로 5만원 선이다.

마지막으로 본인이 직접 욕실용품을 구입해서 설치할 수 있다. 욕실용품 이외에 설치비가 들지 않으므로 비용을 크게 절감할 수 있는 장점이 있지만 설치 후 하자 발생 시 책임을 본인이 져야 하는 단점도 있다. 욕실 물품 품목 견적은 보통 아래와 같다(이하 견적은 제품마다 다를 수 있다).

주방 인테리어
—

주방 인테리어에서 가장 중요한 부분은 싱크대이다. 주방은 보통 거실과 이어져 있기 때문에 인테리어를 진행할 경우 자연스럽게 조화되도록 진행하는 것이 좋다. 싱크대가 오래되거나 기능에 문제가 크면 교체작업을 하게 된다. 싱크대 교체는 큰 비용을 들이지 않는 편이 좋다. 일반적으로 싱크대의 기능이나 디자인은 큰 차이가 없기 때문에 굳이 시공에 큰돈을 들일 필요가 없다. 싱크대 설치 비용은 업체마다 견적은 다르지만 보통 저렴한 곳은 100만원에서 130만원 정도면 가능하다.

냉장고나 세탁기 등 자주 사용하는 가전은 새 상품을 구입하는 것이 좋다. 물론 중고상품은 저렴하다는 장점이 있지만 가전의 경우 수명이 생각보다 길지 않을뿐더러 만약 중고로 구입한 가전에 문제가 생겼을 경우 A/S를 받기가 거의 불가능하다. 따라서 냉장고는 새 상품 구입을 추천한다.

거실과 주방 크기에 따라 들어가는 식탁 크기가 달라지게 되는데 보통 2인용, 4인용을 두는 편이다. 따라서 거실 실측을 정확히 해서 그에 맞는 식탁을 구입한다.

도배와 장판은 어떻게?

—

도배와 장판은 인테리어의 마지막 단계이자 집의 전체적인 분위기를 결정하는 중요한 작업이다. 따라서 간단해 보이면서도 고민도 가장 많이 하는 과정이다. 도배와 장판을 진행하는 방법에는 두 가지가 있다. 하나는 본인이 직접 재료를 구입해 시공하는 방법이고 하나는 업체를 통해 시공하는 방법이다.

먼저 도배를 셀프로 시공하는 경우를 살펴보자. 벽지의 종류는 크게 합지와 실크지로 나누어진다. 제품에 따라 가격이 다르므로 단순비교는 어렵지만 보통 실크지가 합지보다 비싸다. 아무래도 실크지가 합지보다 내구성이 좋고 보기에도 고급스럽기 때문이다. 둘 중 뭐가 더 좋다고 단언하기는 어렵지만 실크지에 비해 상대적으로 저렴한 가격 때문에 합지를 많이 사용한다. 만약 품질 때문에 고민한다면 요즘에는 합지도 색깔이나 패턴이 다양하고 고급스럽게 제작되기 때문에 크게 걱정하지 않아도 된다.

일반 합지를 업체를 통해 시공할 경우 15평 기준으로 재료값 포함 40만원에서 50만원 정도 소요된다. 하지만 실크벽지 시공의 경우는 다르다. 합지는 혼자서도 시공할 수 있지만 실크벽지는 도배 부분을 겹치게 시공할 수 없기 때문에 혼자 하기 어려워서 인건비가 합지 시공보다 많이 든다. 만약 표면이 심하게 울퉁불퉁한 벽을 합지로 도배하면 매끄럽게 나오기가 어렵지만, 실크벽지는 표면이 비교적 균일하고 말끔하게 마무리된다. 이러한 장단점을 잘 비교해보고 결정해 시공하면 된다.

만약 도배 시공에 드는 비용을 절약하고 싶고 셀프로 작업을 하고 싶다면 한번쯤 도전해 보는 것도 좋은 경험일 것이다. 도배지는 인터넷으로 주문이 가능하므로 본인이 원하는 스타일을 선택 주문하여 작업을 진행하면 된다.

최근에는 벽지가 아닌 페인트로 도배 시공하는 사례도 많다. 내가 운영하는 셰어하우스 중 한 곳도 처음에는 페인트로 도배지를 대체하려 했지만 실제 페인트 작업을 하고 나니 생각처럼 깔끔하게 마무리되지 않았다. 균일하지 않고 지저분한 벽의 표면 때문이었다. 오래된 건물이다 보니 페인트를 칠해도 말끔하게 마무리되지 않았다. 따라서 페인트로 도배지를 대체하려면 가장 먼저 벽의 상태가 고른지 꼼꼼히 확인해야 한다. 벽 표면에 흠이 많거나 표면이 고르지 못하다면 페인트보다는 도배지로 진행하는 것이 낫다.

이번에는 장판에 대해 알아보자. 장판 종류로는 롤장판과 데코타일이 있다. 데코타일은 원래 주로 상업용 건물에 쓰이던 바닥재료였지만, 내구성이 좋고 깔끔하고 세련된 데코타일이 최근 인기를 끌면서 가정용 바닥 재료로 널리 사용되고 있다. 장판 또한 과거에는 디자인이나 소재가 다양하지 않았지만 최근에는 데코타일 못지않게 디자인과 퀄리티가 좋은 제품들이 많이 나와 있다. 언뜻 보면 데코타일인지 장판인지 구분되지 않을 정도이다. 대표적 바닥재료인 롤

	데코타일	롤장판
장점	내구성이 좋다	시공이 간편하다
	습기에 강하다	아늑한 느낌을 준다
	디자인이 다양하다	제거가 편리하다
단점	시공이 오래 걸린다	내구성이 약하다
	제거 시 비용이 발생한다	습기에 약하다

장판과 데코타일의 장단점을 살펴보자.

롤장판은 시공이 간편하고 교체할 때도 큰 힘이 들지 않는다는 장점이 있다. 딱딱한 데코타일에 비해 쿠션이 있어 부드럽고 아늑한 느낌을 준다. 하지만 습기에 약해 곰팡이가 생기기 쉽고 스크래치가 생기는 등 쉽게 손상된다는 단점이 있다.

반면 데코타일의 가장 큰 장점은 내구성이다. 롤장판에 비해 강도가 좋아 손상이 잘 되지 않는 편이며, 타일과 타일 사이에 미세한 틈이 있어 그 사이로 통풍이 되기 때문에 롤장판에 비해 습기가 덜 차는 장점이 있다. 따라서 곰팡이가 생길 확률이 낮은 편이다. 하지만 일일이 타일을 하나하나 붙여서 시공해야 하기 때문에 롤장판에 비해 시공이 어렵고, 나중에 바닥을 교체하려 할 경우 타일을 모두 제거해야 하는 단점이 있다. 간혹 데코타일 위에 그대로 롤장판을 까는 경우도 있지만 드문 편이다. 만약 기존의 데코타일을 제거할 경우 평당 15,000원 정도 든다는 단점이 있다.

장판 시공에 드는 비용을 줄이고 싶다면 셀프로 시공하는 것도 좋다. 셀프로 시공하면 체력적으로 힘들고 시간도 걸리기 때문에 말처럼 쉽지는 않지만 셀프로 시공하면 비용도 줄일 수 있고 좋은 경험이 되기 때문에 한번쯤은 진행해보는 것도 좋다고 생각한다. 장판이나 데코타일은 온라인으로 주문이 가능하므로 원하는 스타일의 제품을 골라 셀프로 시공하면 된다. 나도 베란다 부분을 데코타일을 주문해서 셀프로 시공한 적이 있다. 처음 해보는 작업이라 바닥타일용 본드가 데코타일 사이사이로 올라오는 불상사가 발생했지만 그래도 완성하고 나니 보람 있었다.

이처럼 데코타일과 롤장판 모두 장단점을 가지고 있다. 따라서 여러 상황과 함께 장단점을 잘 비교해 더욱 적합한 재료를 선택한다.

조명 인테리어

나는 가장 적은 비용으로 최고의 효과를 낼 수 있는 인테리어 재료는 조명이라고 생각한다. 각종 인테리어 관련 잡지와 사진들을 보면 아름답고 개성 있는 디자인의 조명이 가장 먼저 눈에 들어온다. 내가 처음 인테리어를 할 땐 예쁜 조명은 가격이 높을 것이라고 생각했지만 실제로 알아보니 생각보다 저렴하고 멋진 디자인의 조명들이 많았다. 인테리어 조명은 주로 밋밋한 공간에 포인트를 주는 용도로 쓰인다. 주방의 레일등, 현관 센서등, 베란다등을 들 수 있다. 이런 인테리어 조명 가격은 생각보다 높지 않다. 가격은 다양하지만

레일조명

평수에 따른 LED 조명 밝기 기준

	20평	30평	40평	50평
거실	75~100W	120~150W	150~180W	180W~
큰방	40~60W	50~60W	50~60W	60~70W
작은방	40~60W	50~55W	50~60W	50~70W
주방	40~50W	40~60W	60W~	60W~

보통 3만원에서 5만원 사이면 인테리어 조명을 구입할 수 있다. 아름다운 디자인의 조명이 주는 힘은 생각보다 크다. 우선 집의 전체적인 느낌이 세련되고 화사해져 기분이 좋아진다. 적은 비용으로 삶의 질을 향상시킬 수 있는 것이다. 그렇다면 구체적으로 인테리어 조명을 어떻게 활용해야 하는지 살펴보자.

방과 거실은 가급적 LED조명을 사용한다. 입주자들이 오랜 시간 머무는 곳이기 때문에 눈이 피곤하지 않고 밝아야 한다. 지나치게 어둡거나 색깔이 들어간 조명은 가급적 사용하지 않는다. 일반 전구에 비해 가성비가 좋은 LED조명은 에너지 절약 차원에서도 중요하다. 거실과 방의 조명은 굳이 화려할 필요가 없으며 깔끔하고 조도가 균일한 것이 가장 중요하다.

주방의 경우 조명에 포인트를 주는 것이 효과적이다. 과거 주방등은 주로 길이가 긴 형광등이나 LED전등이었지만 최근에는 카페 같은 느낌을 주는 멋진 디자인의 레일조명이 인기를 끌고 있다. 레일조명의 가격은 생각보다 비싸지 않으니 인터넷 등에서 검색하여 마음에 드는 디자인을 고를 수 있다. 보통 블랙과 화이트 색상을 선호하는 편이다. 주방에 레일등을 설치하고 나면 분위기가 근사해지는 것을 느낄 수 있으니 일반등보다는 디자인이 아름다운 레일등 설치를 추천한다.

현관과 베란다는 어떤 등을 사용하면 좋을까? 베란다와 현관등은 평소에 의식하거나 자주 사용하는 조명은 아니지만, 디자인이 아름다운 포인트 조명을 설치하면 로맨틱한 공간으로 집이 재탄생한다. 과거에는 기능에 충실한 둥근 센서등을 현관에 설치했지만, 최근에는 독특하고 고급스러운 다양한 디자인의 센서등이 인기이다. 센서등은 확실히 포인트가 될 만한 조명을 추천한다. 베란다등은 평소 잘 사용하지 않지만 어두울 때 은은하게 빛을 내는 조명은 마음을 설레게 한다. 일반적으로 많이 사용하는 백색 조명인 주광색이 아닌, 노란 빛을 띠는 전구색을 설치하면 은은한 느낌으로 한층 분위기가 좋아진다. 요즘에는 로맨틱하고 클래식한 분위기를 연출하는

에디슨 전구도 인기가 좋다.

현재 내가 운영하는 셰어하우스에도 아름다운 조명을 설치했다. 집을 보러 오는 사람들 중에서는 예쁜 조명에 반해 계약한 경우도 있다. 그만큼 인테리어 조명의 효과는 확실히 크다. 인테리어 과정에서 화룡점정은 조명이라고 생각한다. 조명을 적극 활용해보자.

그러면 지금부터 실제로 필자가 운영하는 셰어하우스 인테리어를 자세히 소개하겠다. 인테리어 시공 전의 모습과 시공과정, 완성된 후 인테리어 과정을 설명하려 한다. 셰어하우스 운영을 하고 있거나 향후 운영을 원하는 사람들에게 많은 도움이 될 것이라 생각한다.

북유럽풍 미니멀 인테리어
홍대 1호점 이야기

홍대 1호점은 내가 인테리어에 문외한일 때 고생을 하며 완성한 집이다. 아직도 이때를 떠올리면 아찔하지만 지금은 쾌적한 북유럽풍 인테리어로 입주자들에게 좋은 반응을 얻고 있다. 당시 1호점은 오래된 반지하 빌라여서 상태가 좋지 않았고 처음 하는 작업이라 인테리어 업체에 맡겨 리모델링을 진행했다. 하지만 인테리어 과정에 포함된 도배와 장판, 타일, 운영에 필요한 가구 및 가전, 조명 등 모든 과정은 처음부터 과감하게 셀프로 인테리어를 진행했다.

굳게 마음을 먹고 진행한 인테리어였지만 처음부터 난관에 봉착했다. 업체 측에서 세부 견적명세서를 제공하지 않아 명확한 기준이 없었다. 이 문제로 한동안 업자들과의 트러블로 괴로운 시간을 보냈다. 과정은 힘들었지만 힘든 만큼 배운 점도 많았다. 여러 가지 배운 점들이 있지만 가장 중요하다고 느낀 것은 첫 단추인 계약서이다. 특히 한 업체에 일괄적으로 인테리어를 맡기는 경우 큰 비용이 든다. 따라서 거실, 화장실, 주방 하나하나 품목별로 비용산출의 근거가 명확한지 확인해야 한다. 만약 세부명세서를 요구하는데도 업체 측에서 주지 않을 경우 계약하지 않는 것이 좋다. 전체 인테리어를 맡기는 데는 큰 비용이 드는 만큼 신중히 판단해서 결정해야 한다. 그럼 지금부터 셰어하우스 홍대 1호점의 인테리어 시공 전과 후의 사진과 구체적인 작업과정을 공개하도록 한다.

거실 및 주방

BEFORE

1호점 거실 인테리어를 시공하기 전의 사진이다. 30년 가까이 된 오래된 빌라로 대부분의 시설이 노후되어 있었다. 가장 먼저 시공한 작업은 바닥배관이었다. 기존 배관을 새로운 배관으로 교체하는 큰 공사였다. 전체 인테리어 중에서 가장 많은 비용이 든 공사였다. 바닥배관 공사를 진행한 후 낡은 시설물들을 모두 철거했다.

싱크대의 경우 여러 업체의 견적을 비교한 후 저렴하면서 성능도

좋은 업체를 통해 진행했다. 업체마다 차이가 있을 수 있지만 보통 싱크대 시공을 하기 전에 기존 싱크대를 철거하는 작업을 무료로 해준다. 따라서 싱크대는 본인이 직접 인터넷 검색 등을 통해 옵션과 디자인 성능 등을 꼼꼼히 비교한 후 결정하는 것이 좋다.

싱크대를 설치하기에 앞서 주방 타일을 시공한 사진이다.❶❷ 타일은 여러 종류가 있으니 원하는 디자인이 있다면 인테리어 업체 측에 사진 등을 보여주고 비슷한 디자인으로 결정하는 것이 좋다. 당시 나는 깔끔하고 세련된 느낌을 위해 모카그레이 색상의 타일로 문의했다. 북유럽풍의 느낌을 주기 위해 벽돌을 쌓은 느낌의 패턴으로 진행을 의뢰했다.

AFTER

공동생활 공간인 거실에는 식탁과 취사를 할 수 있는 전자레인지와 밥솥을 두었다. 왼쪽은 전자레인지와 밥솥을 넣을 수 있는 가구이고

오른쪽은 식탁이다. 집이 넓지 않아 폭이 넓지 않은 2인용 식탁을 비치했다.③

기본적으로 거실 조명은 밝아야 한다. 하지만 여유 공간이 있다면 사진처럼 분위기 있는 조명을 설치하는 것도 추천한다.④ 어두울 때는 밝은 조명을 켜기가 부담스러울 때가 있는데 이럴 때 은은한 조명을 켜면 로맨틱한 느낌이 든다. 가격은 보통 3만원에서 5만원 사이다. 로맨틱한 분위기를 연출하고 싶다면 시도해보자.

주방에 설치한 냉장고 사진이다.⑤ 냉장고의 크기는 집의 사이즈와 거주하는 인원에 맞게 정하면 된다. 냉장고가 너무 클 필요는 없다. 크기보다는 평소 입주자들이 냉장고를 잘 정리하는 것이 더 중요하다. 아무리 커도 관리가 안 되면 사용에 의미가 없기 때문이다.

완성된 주방의 모습이다.⑥ 싱크대는 화이트 톤으로 깔끔하고 미니멀한 느낌을 강조했다. 모카그레이 컬러의 타일과 잘 어울린다. 화이트는 어떤 색과도 잘 매치되기 때문에 화이트로 진행하는 것이 무난하다.

　개인적으로 주방 인테리어에서 가장 신경 쓴 부분은 조명이다. 조명은 인터넷 검색을 통해 마음에 쏙 드는 디자인의 레일등을 주문했다. 조명으로 레일등을 설치하니 카페 같은 세련된 느낌이 들었다. 일반 조명보다는 비교적 저렴한 비용으로 세련된 느낌을 주는 레일조명을 추천한다.

　세탁기는 드럼세탁기를 구매했다. 기존 통돌이 세탁기보다 디자인이 아름답고 사용도 크게 불편하지 않기 때문이다. 1호점은 세탁실이 따로 없어 세탁기 위치를 어디에 둘지 많이 고민했다. 그 결과 싱크대 옆에 두면 동선도 편하고 사용이 편할 것 같았다. 세탁기도 중고를 구매하지 않고 새 상품을 주문했다. 여기서 신경 쓰이는 부분이 있다면 건조 기능의 유무일 것이다. 보통 건조 기능을 사용하면 사용하지 않을 때보다 전기세가 더 나온다. 하지만 내가 건조 기능이 있는 세탁기를 사용해본 결과 생각보다 전기세의 부담이 크진 않았다. 오히려 건조기능이 없는 경우 빨래를 일일이 건조대에 말려

야 하기 때문에 거실 공간이 좁아진다
는 단점이 있었다. 심한 경우 거의 매
일 빨래건조대가 거실에 있는 문제가
발생하기도 한다. 따라서 입주자의 수
가 4인 이하라면 건조기능을 종종 사
용해서 평상시 집의 공간을 여유롭게
하는 것이 더 낫다고 생각한다. 만약
셰어하우스에 거주하는 인원이 5인 이
상이 되거나 공간이 넓은 경우 등에는
건조기능이 없는 세탁기를 사용하는
것도 좋다. 거주하는 인원이 많아지면
아무래도 전기료가 부담스러울 수 있
기 때문이다. 따라서 각자 상황에 맞는
세탁기를 설치하는 것이 좋다.

완성된 거실과 주방의 모습이다.❼❽
시공 전에는 어둡고 칙칙했던 공간이
세련되고 깔끔한 공간으로 재탄생했
다. 바닥 장판은 최대한 밝은 색상의
데코타일을 선택했고 방문도 밝은 색
상을 골랐다.

화장실

—

BEFORE

처음에 집을 방문했을 때 가장 신경 쓰였던 부분은 화장실이었다. 반지하에 위치한 화장실이라 계단을 딛고 올라가야 사용할 수 있었다. 일반적인 화장실과 많이 달랐다. 내부로 들어가보니 구조가 독특했고 편하게 사용하려면 전반적인 리모델링이 필요해 보였다.❾❿

화장실 인테리어 시공을 들어가기에 앞서 바닥과 벽의 타일을 골랐다. 사진에 보이는 벽 타일은 조금 조잡해 보여 아쉬웠다. 심플한 화이트나 그레이 계열로 시공했더라면 좋았을 걸 하는 아쉬움이 있었다. 위 사진은 화장실 인테리어 작업을 하는 과정이다.⓫ 내가 가장 신경 쓴 부분은 계단이었다. 계단에도 깔끔하게 타일을 덧방으로 시공했다. 이후 변기와 세면대, 욕실수납장과 거울을 설치했다. 이 과정에서 업자들과 약간 기 싸움을 하기도 했다. 상세견적서로 진행

하지 않다 보니 가격을 알 수 없었기 때문이다. 업체 측에서는 조금이라도 저렴한 제품을 설치하려 하고 나는 조금이라도 좋은 제품을 설치하려고 하다 보니 벌어진 일이었다. 하지만 다행이 잘 협의되어 내가 원하는 디자인의 제품을 설치했다. 이쯤 되니 한동안 서먹했던 업자들과도 미운 정이 들었고 점점 가까운 사이가 되었다.

AFTER

드디어 완성된 화장실 인테리어 사진이다.⑫⑬ 지금 봐도 당시 상황들이 주마등처럼 스쳐 지나간다. 개인적으로 아쉬운 점은 샤워기와 천정이다. 당시에는 샤워기의 종류가 그렇게 다양한지, 가격이 얼마나 차이 나는지 잘 몰랐다. 만약 이때로 다시 돌아갈 수 있다면 샤워기를 조금 더 좋은 모델로 교체했을 것이다. 또 한 가지는 천정이다.

화장실이 넓어 보이는 효과가 있는 돔형 천정으로 시공하고 싶었지
만 조건이 맞지 않아 어쩔 수 없이 평면형으로 진행했다. 여러 악조
건이 있었지만 비교적 잘 마무리 되었다.

방

BEFORE

위 사진은 방을 시공하기 전의 모습이다.[14] 오래된 집이라 하이새시
가 아니라 철 소재로 된 창틀로 되어 있었다. 사실 이때는 새시 교체
에 비용이 많이 드는지 몰랐다. 나중에 견적을 보고 깜짝 놀랐던 기

억이 난다. 새시도 업체별로 가격과 종류가 다양하다. 물론 비싸고 품질이 좋은 새시가 소음차단과 단열효과가 우수하지만 비용이 만만치 않으므로 수익률과 본인의 조건에 맞는 새시를 고른다.

오래된 건물은 벽이 얇고 흠이 있는 편이기 때문에 단열효과가 떨어지는 편이다. 단열이 잘되지 않으면 난방비가 많이 나오므로 리모델링을 하기 전에 벽 상태를 잘 점검한다. 단열이 잘 안 될 거라는 결론이 나오면 새시 주위에 석고보드 단열재 시공을 하는 것이 좋다.

도배 시공을 하는 모습이다.⑮ 처음 하는 도배라 색상을 많이 고민했다. 1호점은 반지하 빌라다 보니 최대한 생생하고 밝은 느낌을 주고 싶어서 선명한 그린 계열의 벽지를 선택했다. 다소 튈 수도 있지만 생활해보니 산뜻한 느낌이 기분을 좋게 한다. 도배와 장판 비용

은 합해서 총 135만원이 들었다. 물론 도배와 장판작업을 셀프로 진행하면 비용을 절감할 수 있다.

방 한 켠에 인테리어 조명을 설치하는 모습이다.[16] 전기 시공 전에 조명의 위치를 정해서 알려주면 설치작업을 한다. 1호점에 사용된 조명은 모두 내가 검색으로 가격과 디자인 성능 등을 비교해 결정했다. 검색해 보니 조명의 종류와 가격이 천차만별이었다. 처음에는 재미있을 줄만 알았는데 막상 고르려니 생각보다 쉽지 않았다. 집의 분위기와 자금사정을 고려해야 했기 때문에 머리가 아팠다. 당시에는 힘들었지만 인테리어가 끝나고 입주자들을 모집할 때 조명의 힘은 컸다. 1호점은 오픈한 지 2주도 안되어 입주자 모집이 완료되었다. 나중에 안 사실이지만 한 입주자는 인테리어와 특히 조명을 보는 순간 이 집에 와야겠다고 생각했다고 한다. 그 말을 들었을 때 정말 뿌듯하고 행복했다. 고생스러웠던 기억이 눈 녹듯 사라지는 것 같았다.

AFTER

2인실 큰방을 인테리어한 사진이다.⑰ 2인실에는 벙커침대 두 개를 놓았다. 1호점은 태어나서 처음 해보는 인테리어 작업이라 능숙하게 진행하지 못했다. 심지어는 벙커침대를 주문하기 전에 실측을 제대로 하지 않아 큰 문제가 발생하기도 했다. 처음에는 좌식형이 아닌 일반 입식형 벙커침대를 주문했고, 조립 후의 모습을 상상하며 나 혼자 힘들게 벙커침대를 조립했다. 어렵지 않을 거라고 생각했지만 벙커침대 조립은 생각보다 어렵고 고통스러웠다. 심지어 조립 도

중에 벙커침대 프레임이 쓰러져 몸에 멍이 들기도 했다. 하지만 완성된 후를 상상하며 힘들어도 버텼고 드디어 조립을 완성했다. 그러나 조립을 완성한 후의 기쁨도 잠시, 큰 문제를 발견했다. 바로 침대 높이였다. 일반 입식형 벙커침대를 두기에는 높이가 충분하지 않았던 것이다.

원인을 찾아보니 바닥 배관공사를 하면서 바닥 높이가 높아졌기 때문이었다. 결국 고생하면서 조립한 벙커침대를 다시 해체하고 반품시킬 수밖에 없었다. 다시 좌식형 벙커침대를 주문했다. 이날 이후 나는 실측의 중요성을 절실히 느꼈고 작업 시 항상 휴대용 줄자를 가지고 다니는 습관이 생겼다. 인테리어의 기본은 실측임을 깊이 깨달았다.

그 외 개인적으로 북유럽풍의 느낌을 연출하기 위해 커튼과 조명에 신경을 썼다. 커튼은 레이스커튼과 암막커튼 두 유형을 주문했다. 커튼 구입은 검색을 통해 마음에 드는 디자인으로 주문했고, 조명은 밤에 은은한 분위기를 연출하기 위해 클래식한 디자인으로 설

치했다. 전구는 은은한 조명의 에디슨 전구를 달았다.

1인실의 모습이다.[18][19] 1인실도 좌식 책상형 벙커침대를 세팅했다. 에어컨은 각 방에 하나씩 설치했다. 처음에는 각방에 에어컨을 설치하면 전기세가 많이 나오지 않을까 걱정했지만, 보통 풀옵션 원룸도 월세가 50만원 정도인데 1인실의 경우 보통 45만원인 것을 감안하면 에어컨을 설치하는 것이 당연하다고 생각했다. 단 거실에는 따로 에어컨을 설치하지 않았다.

가구는 틈새장 2개를 두었다. 수납장은 많으면 많을수록 좋지만 공간에 한계가 있고 보통 셰어하우스 거주자들은 단기 거주하는 경우가 많기 때문에 굳이 큰 가구를 넣을 필요는 없다.

완성된 1인실 사진이다.[20][21] 북유럽풍 느낌을 강조하기 위해 벽지와 전반적인 톤을 화이트로 통일했다. 커튼은 인터넷으로 검색해 주문했고, 1인용 책상을 주문해 공간을 최대한 넓게 사용하도록 했다. 사진에는 나오지 않지만 수납형 침대를 주문했다.

현관

BEFORE

현관문 교체 전 사진이다.[22] 80년대에서 90년대 초반에 자주 볼 수 있던 현관문이다. 너무 오래되고 내구성이 약해 철거 후 교체하기로 결정했다. 현관문을 교체하는 데는 보통 40만원~50만원 정도의 비용이 발생한다.

현관문 교체를 완료한 후의 모습이다.[23] 색상과 디자인은 본인이 원하는 스타일로 결정하면 된다. 나는 세련되고 질리지 않을 것 같은 네이비 컬러를 선택했다.

현관문 보안키의 모습이다.[24][25] 셰어하우스는 무엇보다 보안이 중요하므로 현관문 번호키는 튼튼하고 기능이 좋은 것을 고른다. 보안키는 가격대가 다양하다. 지문인식 기능이 없는 일반형은 10만원대

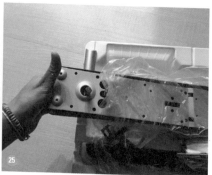

정도면 구입 가능하고, 지문인식 기능이 있는 것은 20만원대 정도에 구매할 수 있다. 내가 운영하는 셰어하우스는 모두 지문인식 기능이 있는 최상급 품질의 번호키를 사용했다. 집을 보러 오는 사람들은 지문 번호키가 있다는 것을 확인하면 더욱 안심한다.

타일 시공 중간단계의 모습이다.[26] 당시 육각형 모양의 헥사곤 타일이 마음에 들어 물품을 주문하고 타일작업자에게 시공을 의뢰했다. 타일은 기존에 깔려 있던 타일 위에 덧방 시공을 했다. 덧방이란 기존 자재를 철거하지 않고 그 위에 그대로 새로운 자재로 시공하는 작업이다. 철거 후 진행하면 아무래도 추가비용이 많이 들지만 덧방은 화장실 바닥을 방수 처리하는 등 특수한 경우 외에는 굳이 비용을 들여 진행할 필요는 없다.

내가 직접 페인트 시공을 한 사진이다.[27] 벽 컬러를 고민하다 바닥 헥사곤 타일과 조화롭게 어울릴 것 같아 그레이를 선택했다. 페인트와 페인트 자재는 인터넷으로 주문했는데 3만원에서 5만원 정도로

구매 가능하다. 페인트 작업은 태어나서 처음 하는 일이었는데 막연히 쉽고 재미있을 거라고 생각했지만 결코 쉽지 않았다.

페인트 시공 과정은 다음과 같다. 결이 거친 사포를 준비해서 여러 번 벽을 문지른다. 페인트를 좀 더 쉽게 바르기 위해서인데 생각보다 에너지가 많이 드는 작업이다. 경우에 따라서는 사포 작업 없이 바로 젯소를 바르고 페인트 시공을 하기도 한다. 벽의 상태를 보고 굳이 사포 작업이 필요하지 않다고 판단되면 생략해도 좋다.

기존 벽을 사포로 어느 정도 다듬은 후에는 마스킹 테이프를 붙인다. 페인트를 바를 곳 외에 페인트가 묻는 것을 피하기 위해서인데 이 작업도 쉽지는 않다. 하지만 마스킹 테이프를 꼼꼼히 붙여야 페인트 작업을 깔끔하게 마무리할 수 있으니 힘들더라도 꼼꼼히 붙여야 한다.

마스킹 테이프 작업을 마치면 젯소를 바른다. 젯소는 페인트의 접착력을 높여주고 원래 가구의 색이나 무늬 등 밑바탕을 가려준다.

그래서 표면을 매끄럽게 해주고 색깔을 더 선명하게 하여 페인트가 일정하게 표현되게 하는 역할을 한다.

젯소를 바르고 한 시간 정도 지나면 본격적으로 페인트 작업에 들어간다. 처음부터 많은 양을 두껍게 바르지 않도록 주의한다. 처음부터 두껍게 바르면 표면이 균일하지 않을뿐더러 벽에 색이 잘 스며들지 않으니 가급적 얇게 여러 번 펴 바른다. 상태가 좋은 벽면이면 젯소를 바르고 페인트를 두 번 정도만 발라도 깔끔하게 잘 발리지만 기존에 에나멜 코팅이 되어 있거나 특수한 소재로 된 벽은 두 번으로 잘 마무리 되지 않기도 한다. 이럴 때는 시간차를 두고 세 번 이상 페인트를 칠하는 것이 좋다. 시간 간격은 보통 한 번 페인트를 칠한 후 최소 한 시간 이상이 지나야 한다. 페인트 작업이 힘든 이유는 이처럼 시간 간격을 두고 인내심 있게 진행해야 하기 때문이다. 필자의 경우 페인트 작업을 하고 나서 다음날 온몸에 근육통이 생길 만큼 힘들었다. 기존 벽이 에나멜 페인트 작업이 되어 있어서 페인트가 잘 먹지 않아 4번이나 덧칠했고 거의 하루 종일 페인트 작업만 했다. 그러고 나니 이 작업을 전문적으로 하는 사람들이 존경스러웠다. 페인트 작업을 하고 난 후 달라진 현관을 보며 보람을 느꼈지만 만약 내게 또 셀프 페인트 작업을 할 의향이 있는지 묻는다면 아니라고 하고 싶다. 비용을 아끼는 측면에서는 물론 좋지만 바쁜 직장인이나 체력이 약한 사람은 전문 시공업자에게 일정 비용을 지급하고 맡기는 것도 방법이다.

AFTER

사진 속 조명은 현관문 센서 등이다.[28] 센서등은 디자인과 가격이 다양한데 현관 센서등으로 가장 많이 사용하는 것은 둥근 흰색 형태이다. 하지만 이런 스타일은 디자인이 아쉬워서 나는 세련된 느낌을 주는 센서등을 선택해 현관문에 포인트를 주었다. 조명 하나로 현관 분위기가 한층 멋스러워 보인다.

드디어 완성된 현관의 모습이다.[29] 이전의 어둡고 칙칙했던 느낌은 사라지고 세련되고 화사한 공간으로 변신했다.

인테리어 완성 후
1호점 이야기

현재 1호점에는 입주자 4명이 거주하고 있다. 주로 인근 대학생과 직장인이다. 초반에는 나도 관리를 위해 그들과 함께 거주했다. 셰어하우스에 한 번도 거주해본 적이 없던 터라 함께 살아보기로 결정했을 때 조금 걱정스럽기도 했다.

셰어하우스 1호점을 오픈하고 2주만에 입주자들이 모집되자마자 나는 함께 근처 분위기 있는 커피숍에 가서 즐거운 티타임을 가졌다. 그저 함께 이야기하고 싶어서지, 입주 준수 사항수칙 등을 설명하기 위해서는 아니었다. 모든 입주자가 낯선 장소에 와서 함께 생활하는데 마음이 편할 리만은 없기 때문에 편안한 분위기를 만들어주는 것이 중요하다고 생각했다. 그렇게 이야기를 하다 보니 몇 시간이 금방 갔다. 셰어하우스를 선택한 이유, 과거 힘들었던 순간들, 현재 하는 일 등 다양한 주제들로 이야기꽃을 피웠다. 그렇게 셰어하우스 1호점은 시작되었고 현재 모든 입주자들이 함께 좋은 분위기 속에서 지내고 있다. 나는 처음에 1인실을 사용하다 2인실로 방을 옮겼는데 처음에는 함께 사는 분에게 쌩얼을 공개하기가 부끄러웠지만 지금은 마음 편하게 서로 공개하고 밤 늦게까지 이야기도 하는 친한 룸메이트가 되었다. 힘들 때 서로 고민도 들어주고 진심으로 응원해주며, 맛있는 야식을 사오면 함께 나눠먹고 종종 근처 공원이나 한강에 같이 놀러 가는 막역한 사이가 된 것이다. 나에게 셰어하우스 1호점은 아름다운 추억이고 희망이다. 언제나 입주자들이 건강하고 행복하길 진심으로 응원하고 있다.

13

산뜻하고 세련된 인테리어
홍대 2호점 이야기

셰어하우스 홍대 2호점은 우연한 계기로 시작했다. 매일 오가던 중 눈에 띄는 집이 있었다. 1호점과 멀리 떨어지지 않은 곳이었는데 사람이 없는지 항상 불이 꺼져 있었다. 평소에 그 집 주변을 지날 때마다 '여기도 셰어하우스로 운영하면 괜찮을 텐데'라고 생각했다. 그러던 어느 날 그 집에 불이 켜져 있는 것을 발견하고 나도 모르게 문을 두드렸다. 문을 연 사람은 집주인이었다. 당시 나는 그분에게 물었다. "이 집에 사람이 사나요? 혹시 임대 내놓으셨나요?" 집주인은 부동산에 내놓진 않았지만 임대를 줄 생각이 있다고 하셨다. 보증금 및 월세 조건을 들어보니 합리적이란 생각이 들었지만 오래된 집이라 화장실과 주방 상태가 열악했다. 그래서 화장실과 주방의 리모델링을 집주인에게 요청했다. 당시 나는 1호점 리모델링을 마친 뒤라 합리적인 가격으로 시공하는 업체를 소개했고, 집주인은 시공 견적을 듣고는 흔쾌히 시공해 주기로 결정했다. 며칠 후 우리는 임대차 계약을 체결했다. 안정적인 운영을 위해 계약기간을 4년으로 하기로 합의했다. 이 집은 현재 셰어하우스 2호점으로 운영 중이다.

거실 및 주방

BEFORE

필자가 운영하는 셰어하우스 2호점 사진들이다.㉚㉛㉜㉝ 1호점 인테리어 시공 전보다 조금은 상태가 낫지만 역시 오래된 느낌을 지울수 없다. 싱크대는 디자인과 색상이 오래되어 교체를 결정했다. 현관문은 1호점과는 달리 기능에는 문제가 없지만 오래되어 누렇게 변색되어 있었다. 하지만 굳이 교체하지 않아도 기능에 문제가 없다고 판단해 페인트 작업만 하기로 결정했다.

1호점에서 진행한 싱크대가 마음에 들어 같은 업체에서 진행했다. 싱크대 업체에서 주방벽 타일도 함께 시공하는 경우가 많아서 현관 바닥 타일도 추가 시공을 의뢰했다. 비용은 5만원만 추가해 진행하기로 했다. 타일 작업은 한 업체를 통해 한꺼번에 진행하는 것

이 비용이나 시간 면에서 효율적이다. 인테리어 시공 작업은 인건비
가 가장 많이 들기 때문이다. 아무리 작은 작업이라도 일단 투입만
되면 기본 인건비로 최소 20만원 이상이 든다. 셰어하우스를 운영
하고자 한다면 이 점을 유념해 진행하는 것이 좋다.

셰어하우스 2호점의 벽지 컬러는 민트로 정했다.[04] 언뜻 보면 조
금 튀지만 예전부터 민트 컬러로 도배를 해보고 싶어 과감하게 선택
했다. 처음에는 너무 튀면 어떡하나 고민도 했지만 시공을 끝마치고
나니 마음에 쏙 들었다. 비록 반지하이지만 반지하라는 느낌이 들지
않을 만큼 산뜻해 보인다.

　장판은 1호점과 마찬가지로 밝은 색의 데코타일로 시공했다. 바
닥장판은 가급적 밝은 색을 추천한다. 그래야 집이 넓어 보이고 조
명을 켠 듯 환하다. 보통 장판을 시공할 때 걸레받이 작업도 함께 진
행한다. 원래는 화이트톤의 나무몰딩으로 진행하고 싶었지만 비용
이 20만원 이상이 든다. 그래서 비용을 절감하고자 굽도리라는 스
티커 형식의 몰딩으로 마무리했다. 가까이서 보면 나무몰딩만큼 고
급스러워 보이지는 않지만 가격이 저렴하고 깔끔하여 무난한 편이
다. 당시 나는 굽도리를 직접 구매했고 작업은 장판 시공업자 분께
말씀 드려 별도의 시공비 없이 무료로 함께 진행했다.

AFTER

거실에 비치한 식탁과 의자이다.^③ 거실이 넓으면 4인용 식탁을 주문했을 테지만 좁은 관계로 2인용을 주문했다. 2인용 식탁은 5만원 정도면 구매 가능하다. 식탁의자는 편안하고 세련된 에펠스타일로 주문했고 3만원 정도면 구매 가능하다. 따라서 거실 및 주방의 크기와 본인의 취향을 고려해 선택하면 된다.

완성된 주방의 모습이다.^{③⑦} 과거 골동품 같던 싱크대는 사라지고 세련되고 깔끔한 싱크대로 바뀌었다. 1호점과 비슷하게 주방벽은 벽돌 모양의 그레이 컬러 타일로 시공했다. 조명은 화이트 레일등을 달아 세련되고 화사한 느낌이 들게 했다. 비교적 적은 비용으로 고급스럽고 세련된 느낌을 충분히 전달하는 레일조명을 강력 추천한다.

방

BEFORE

2호점 인테리어 시공 전 방 사진이다.[38] 1호점과 달리 당시 새시 작업은 되어 있어서 교체는 하지 않았다. 벽지는 일반 흰색이고 군데군데 변색되어 있었다. 장판은 오래되어 바닥이 울퉁불퉁 변형되어 있었고 색도 어두워 교체가 필요했다. 거실과 마찬가지로 도배는 민트색 벽지로 작업했고 장판은 화이트 톤의 데코타일로 시공했다.

초반에 페인트로 인테리어 시공한 사진이다.㊾㊿㊼ 도배작업 전에는 페인트 도배를 하고 싶어 인근 가게에 부탁해 페인트 작업을 했었다. 당시는 추운 겨울이었다. 벽면 전체를 페인트 시공을 하기로 결정했지만 어떻게 해야 할지 몰라 인터넷으로 근처 페인트 가게를 검색했다. 나는 그중에서 집과 가까운 페인트 가게에 전화했고 나이 지긋한 목소리의 사장님과 통화할 수 있었다. 페인트 시공을 의뢰하고 싶은데 가능한지 사장님께 여쭤보았다. 페인트 사장님은 가능하다고 하여 그날 저녁 작업할 분과 만나기로 했다.

약속 장소로 나갔는데 멀리서 자전거를 타고 오시는 할아버지 한 분이 보였다. 처음엔 설마 아니겠지 하며 더 기다렸지만, 날씨가 하도 추워서 그때 받은 번호로 연락했더니 다름 아닌 그 할아버지였다. 페인트 작업할 분의 연세가 많으실 거라고는 생각하지 못해 약간 당황했지만 그분과 이야기를 나눴다.

처음에는 거절하려고 했다. 아무래도 나이 많으신 분은 작업이 힘들 거라는 생각이 들어서였다. 하지만 할아버지가 잘할 수 있다고 말씀하셔서 작업 의뢰를 결정했다. 그래도 연륜이 있으셔서 잘하시리라 믿고 진행하기로 한 것이다.

드디어 페인트 작업을 시작했다. 일정이 있어 일을 맡기고 그날 저녁 작업 진행을 확인하기 위해 집에 들어가 보았다. 나는 작업상태를 보고 충격과 혼란에 휩싸였다. 사진처럼 벽은 울퉁불퉁하게 마무리되어 있었고, 기본 마감을 깔끔하지 않은 채 바로 페인트만 칠하셨던 것이다. 실망도 크고 화도
났다. 안타까웠지만 더는 작업
진행이 어렵다고 판단해 일부
일당을 드리고 작업을 중단시
켰다. 어떻게 해야 할지 막막
하기도 했지만 그대로 진행하
면 마무리가 제대로 안 될 것
이 확실해 보였다. 그래서 과
감하게 중단을 결정했다. 그리
고 페인트로 벽을 칠하려면 벽

표면을 깔끔하게 마무리한 상태여야 색이 예쁘게 나온다는 것을 깨
달았다. 아쉬운 마음을 뒤로한 채 다시 도배작업을 하기로 결정했다.
비용은 초과되었지만 그래도 마무리가 잘되어 만족했다. 사진은 방
문 손잡이를 교체하는 모습이다.⁴² 당시 방문 손잡이가 너무 오래되
어 깔끔한 블랙으로 교체했다. 이 역시 작업자께 다른 작업과 함께
부탁해 진행했다. 지금도 배려해 주신 그분께 감사하게 생각한다.

AFTER

방문 손잡이 교체를 끝으로 완성된 방의 사진이다.⁴³⁴⁴⁴⁵ 민트색 벽지
와 화이트 색상의 방문이 산뜻하게 잘 어울린다.

  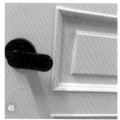

최종적으로 완성된 방의 모습이다.⑥⑦⑧ 1호점과 마찬가지로 벙커 침대를 주문했다. 천정이 낮아 좌식책상 스타일의 벙커침대를 주문 했고 가구도 틈새가구 세트를 주문해 공간을 효과적으로 활용했다.

인테리어 포인트로는 커튼 디자인에 신경을 썼다. 벽지의 색과 전반적인 콘셉트를 고려해 북유럽풍 디자인의 산뜻하고 세련된 느 낌의 커튼을 달았다. 막상 커튼을 설치하려니 전동드릴 사용에 익숙 하지 않아 고민이 많았다. 그래서 인테리어 시공 과정에서 도배 장

판 및 가구를 설치하는 분들께 개인적으로 부탁했다. 조금 추가비용을 지불하더라도 이렇게 진행해서 일정에 차질이 없고 깔끔하게 마무리할 수 있었다.

화장실

—

BEFORE

화장실 인테리어를 시공하기 전의 사진이다.[49] 바닥과 벽 타일이 모두 오래된 데다 좁은 화장실에 세탁기까지 놓여 있어 더 좁아 보인다. 그래서 화장실을 전체적으로 리모델링하고 세탁기는 싱크대 옆으로 옮기기로 결정했다.

AFTER

완성된 화장실의 모습이다.[50] 전반적으로 리모델링을 시공해 깔끔하게 마무리되었다. 업체마다 견적은 모두 다르다. 2호점의 경우 화장실 전체를 리모델링하는 데 135만원 정도 들었다.

인테리어 완성 후
2호점 이야기

1호점 인테리어를 하면서 몸도 피곤하고 마음고생도 많았다. 그래서 당시에는 앞으로 인테리어를 진행하게 되면 한 업체에 전부 맡기지 않고 직접 하나하나 알아보고 진행하기로 마음먹었던 터였다. 그때는 한번 더 하면 지금보다 훨씬 더 잘할 수 있을 거라는 자신감이 있었다. 하지만 2호점 인테리어 작업을 할 당시 업체에 개별적으로 의뢰해 진행하는 것도 생각보다 쉽지 않았다. 통으로 한 업체에 인테리어를 맡기면 일반적으로 문제나 하자가 발생할 경우 시공 업체에서 즉각적인 처리가 가능하기 때문이다. 하지만 개별적으로 나눠서 진행하면 문제 발생 시 즉각 원활하게 해결하기가 생각보다 쉽지 않다. 개별적으로 인테리어를 진행하면 한 업체에 맡기는 것보다 비용이 절감되지만 그만큼 개인이 신경 쓸 부분도 많다.

그래도 개인적으로는 한 업체에 일임하기보다는 개별적으로 알아보면 배우는 것도 많고 비용도 절감되어 더 낫다고 생각한다. 셀프 인테리어가 가능하다면 비용은 가장 적게 들 테니 여러 상황을 고려해 본인에 가장 적합한 방식을 선택해 진행하자.

셰어하우스 2호점은 1호점보다 좀 더 세련되게 인테리어 작업을 했다. 집을 보러 온 여러 사람들은 산뜻하고 세련된 인테리어를 보고 너무 예쁘다고 할 때마다 지금까지의 고생이 눈 녹듯 사라지는 느낌이었다. 셰어하우스 운영을 준비하는 사람이 내가 올렸던 입주자 모집 광고를 보고 인테리어 조언을 구하기 위해 찾아온 적도 있었다. 처음에는 조금 놀랐지만 기쁜 마음으로 지금까지 인테리어 과정과 물품 구입법 등 모든 과정을 자세하게 알려드렸다. 이후 그분은 운영자가 되어 완성된 집에 나를 초대했다. 기대 이상으로 멋지고 쾌적하게 완성된 셰어하우스였다. 함께 차를 마시며 이야기하는 그 순간 나는 정말 큰 행복을 느꼈다.

14

귀엽고 사랑스러운 인테리어
홍대 3호점 이야기

셰어하우스 홍대 3호점은 지인과의 공동투자로 전대계약으로 운영하고 있다. 3호점 역시 가까운 곳에 지하철과 버스정류장이 있어 교통이 편리하다. 주변에 편의시설이 충분하고 여가를 즐길 만한 장소가 많아 입주자들이 쾌적하게 생활할 것 같다는 생각이 들어 시작했다. 3호점 역시 오래된 집이라 화장실 및 주방 등을 전반적으로 리모델링했다.

거실 및 주방

BEFORE

인테리어 시공 전의 사진이다.[51][52] 당시 여성들이 거주하던 집이라 아기자기하게 꾸민 흔적이 보인다. 전반적으로 오래된 듯한 장판과 미닫이문, 싱크대, 창문은 리모델링이 필요해 보였다. 처음에는 이 부분들만 교체하고 다듬으면 괜찮다고 생각했는데 인테리어를 진행하면서 문제가 커졌다. 문틀을 제거하면서 바닥에 일부 누수가 있다는 사실을 알게 된 것이다. 1호점에서의 악몽이 되살아나는 듯했지만 누수문제를 그냥 넘어갈 수는 없었다. 그래서 바닥배관 교체와 누수문제를 해결하기로 하고 시공을 의뢰했다. 시공하고 나니 예상 비용을 훨씬 초과했지만 나중에 문제가 재발하는 것보다는 훨씬 나은 선택이었다.

AFTER

3호점 인테리어 콘셉트가 귀엽고 사랑스러운 느낌이기 때문에 조명에도 특별히 신경을 썼다. 위 사진은 현관 센서등의 모습이다.[53] 별 모양의 조명을 선택해 귀엽고 사랑스러운 느낌을 주었다.

완성된 거실과 주방 사진이다.[54] 3호점 콘셉트는 사랑스럽고 부드러운 느낌으로 잡았기 때문에 부드러운 베이비핑크 벽지를 선택했다. 여성 전용 셰어하우스로 운영하기 때문에 인테리어에 많은 신경을 썼다. 장판은 핑크빛이 살짝 도는 베이지색 데코타일로 시공했다.

주방 싱크대 사진이다.⁵⁵⁵⁶ 깔끔한 느낌을 살리기 위해 화이트 톤을 선택했다. 3호점은 1, 2호점과 달리 화이트타일로 시공했는데 북유럽풍의 느낌을 주기 위해 벽돌 스타일의 시공을 했다. 바닥시공 다음으로 힘들었던 부분이 주방이다. 주방을 시공하기 전에 벽 전체가 유리창으로 되어 있었기 때문이다. 벽 전체가 창문으로 되어 있다 보니 싱크대를 정상적으로 설치하기가 힘들었다. 이 문제를 어떻게 해결해야 할지 많이 고민하다가 창문 전체를 철거하고 벽을 만들기로 했다. 없던 것을 만들어야 하는 상황이었기에 시공 과정도 쉽지 않았다. 그렇게 불가능하게만 보였던 벽이 완성되었다. 예쁘게 완성된 주방을 보니 그 동안의 고생이 눈 녹듯 사라지는 것 같았다.

방

BEFORE

위 사진은 인테리어 시공 전 방의 모습이다.⑰ 당시 벽에는 페인트를 바른 흔적이 있었는데 곳곳에 얼룩이 묻어 있어 깔끔하지 않은 느낌이었다. 장판도 오래되어 교체가 필요해 보였다. 베란다 벽은 곳곳에 얼룩이 묻어 있고 바닥도 지저분했다. 그래서 도배와 장판시공을 결정하고 베란다와 몰딩은 직접 페인트를 칠했다. 몰딩과 베란다 벽은 기존에 페인트 작업이 되어 있는 상태여서 페인트를 덧바르니 깔끔하게 잘 발렸다.

AFTER

인테리어 시공을 마친 방의 모습이다.⑱⑲ 큰 방에는 좌식벙커침대를 주문해 공간을 효과적으로 활용했고 작은 방에는 2층침대를 두었다. 전반적인 화이트와 핑크의 조화가 자연스럽고 화사하다.

각 방에 설치한 옷장 사진이다.[60] 크기가 크지 않은 틈새장으로 공간 활용을 극대화했다. 여성 입주자는 대개 수납하는 옷의 양이 많기 때문에 별도로 행어를 설치해주는 것도 좋은 방법이다.

화장실

BEFORE

위 사진은 셰어하우스 3호점 인테리어 시공 전 화장실의 모습이다.[61] 과거에 한 번 정도는 리모델링을 한 듯하지만 바닥과 벽 타일이 지저분하고 싱크대도 배수구가 밖으로 나와 있는 등 깔끔하지 않은 느낌이다. 3호점은 화장실에 신경을 많이 썼다. 1, 2호점을 운영하면서 느낀 것이 화장실의 중요성이었다. 누구나 마찬가지이겠지만 특히 여성은 쾌적한 화장실을 중요하게 생각하기 때문에 비용을 조금 더 추가해 화장실 디자인도 신경을 썼다. 3호점은 화장실 바닥 누수공사를 함께 진행했다.[62] 비용은 조금 추가되었지만 이후 누수문제로 속 썩는 것보다는 낫다고 생각했다.

AFTER

화장실 인테리어를 마친 모습이다.⁶³ 심플하고 미니멀한 느낌으로 시공을 의뢰했다. 세면대 수전과 코너 선반 등을 블랙으로 통일, 블랙과 화이트의 조화가 세련되어 보인다. 집을 보러 오신 사람들이 화장실 칭찬을 많이 했다. 화장실에 반해 계약한 사람도 있었다. 인테리어 진행과정은 힘들고 정신 없었지만 입주자들이 기분 좋게 생활하는 모습을 보면 덩달아 행복해진다.

인테리어 완성 후
3호점 이야기

사실 3호점 리모델링 및 인테리어 작업을 하기 전에는 어느 정도 자신감이 있었다. 그 동안 1, 2호점 리모델링 및 인테리어를 진행하면서 고생도 많이 하고 이를 통해 많이 배웠다고 생각했기 때문이다. 하지만 내 생각과 달리 홍대 셰어하우스 3호점 리모델링 과정도 쉽지 않았다.

가장 큰 문제는 주방 쪽 창문이었다. 최근 지어진 빌라와 달리 주방 쪽 벽면 전체가 유리로 답답하게 덮여 있어 환기도 안될뿐더러 외부 충격에도 취약한 상황이었다. 고민 끝에 창문을 철거하고 벽돌로 벽을 세운 후 시멘트로 마무리를 하기로 결정했다. 그야말로 없던 것을 만들어야 하는 과정이었다.

이렇게 하기로 결정을 할 당시 나는 건축에 대해 아무런 지식도 없는 상태였다. 그저 머릿속으로 또렷하게 여러 번 상상했다. 결정하고 난 뒤 작업자를 통해 공사를 진행했고 드디어 약한 유리창으로 된 주방 벽면을 벽돌로 채워 튼튼한 벽으로 바꿨다. 이후 싱크대 타일 작업을 하고 싱크대를 들였다. 완성된 주방의 모습을 보니 1, 2호점과 비교도 안 될 만큼 큰 보람을 느꼈다.

현재 3호점에는 여성 입주자 4명이 예쁘고 쾌적한 환경에서 편안하게 거주하고 있다. 얼굴도 성격도 너무나 예쁜 입주자들에게 지금도 정말 감사한 마음이다. 그렇게 다사다난했던 셰어하우스 3호점은 이렇듯 아름답게 마무리되어 잘 운영되고 있다.

15

모던하고 시크한 인테리어
강남 4호점 이야기

셰어하우스 4호점은 강남 지역에서 운영하고 있다. 강남의 특징은 무엇보다 편리한 교통과 쾌적한 환경 그리고 많은 기업들이 밀집해 있다는 사실이다. 그래서 직장인들이 셰어하우스를 많이 찾고 있다. 4호점도 지인과 공동 투자하여 전대계약으로 운영하고 있다. 4호점의 경우 리모델링을 하기 전 상태가 비교적 양호해서 깔끔한 부분은 최대한 살리고 오랫동안 사용할 부분을 선별해 리모델링을 진행했다. 실수요자가 직장인들이 많을 것을 고려해 모던하고 편안한 콘셉트로 진행했다.

거실 및 현관

—

BEFORE

—

처음 집을 방문했을 때 찍은 거실 사진이다.[64] 조금 오래된 빌라이지만 예전 집주인이 2년 전 도배 및 시트작업을 진행한 상태라 집 상태가 깔끔한 편이다. 하지만 바닥 장판이 낡고 색이 어두워 집이 전반적으로 칙칙한 느낌이다.

현관 사진이다.[65] 대리석 소재로 되어 있어 깔끔하지만 색이 어두워 집안 전체 느낌이 무거워 보인다. 신발장도 방문과 마찬가지로 2년 전 시트지 작업이 되어서 비교적 깔끔하다.

장판 시공을 하기 전 사진이다.[66] 한눈에 봐도 장판상태가 안 좋아 보인다.

장판 시공 전 여러 종류의 장판 디자인을 비교한 사진이다.[67] 당시 헤링본에 꽂혀 여러 헤링본 스타일의 장판 중에 마음에 드는 디자인을 골라 시공했다.

AFTER

어둡고 오래된 장판을 제거하고 새로 고른 헤링본 디자인의 장판으로 시공한 사진이다.[68] 집이 한결 밝고 넓어 보인다. 거실 리모델링을 진행한 후의 모습이다. 칙칙했던 어두운 대리석 현관을 화이트 컬러의 헥사곤 타일로 바꾸니 분위기가 한결 밝고 화사해 보인다.[69] 장판은 화이트톤의 헤링본 디자인으로 시공해 이전보다 밝고 넓은 느낌을 준다. 처음에 많은 고민을 했던 우드컬러의 몰딩과 방문 필름지 색상도 비교적 안정감을 준다.

방
—

BEFORE

도배 및 장판 시공 전의 방 사진이다.⑦ 사실 약 2년 전 리모델링을 한 생태라 전반적으로 깔끔하다. 하지만 도배 색이 바랬고 장판 상태가 좋지 않아 도배와 장판을 교체하기로 했다. 천장 몰딩 및 창문틀의 경우 이미 필름지 시공이 되어 있던 상태라 사실 따로 교체할 필요는 없어 보였다.

AFTER

도배 및 장판시공이 완성된 방의 모습이다.⑪ 천장 및 창틀 부분을 흰색 시트지로 리모델링하려 했지만 이미 깔끔하게 시트 작업이 되어 있던 터라 시공하지 않았다. 비용을 줄일 수 있어 좋았지만 개인적으로는 조금 아쉬움이 남는다. 비록 흰색만큼 깨끗하고 세련된 느낌은 아니지만 아늑하고 안정감 있는 느낌을 주는 점에서 만족했다.

4호점은 직장인 입주자가 많을 것을 대비해 디자인은 물론 편안함에도 신경을 썼다. 책상은 수납공간이 넉넉한 스타일을 선택했고, 스탠드는 책상 공간을 충분히 활용하도록 집게형을 설치했다. 클래식한 디자인과 블랙 색상이 멋스러우면서 공간도 효과적으로 활용 가능하다. 의자는 장시간 앉아도 허리가 아프지 않은 기능성으로 주문했다.

옷장은 1~3호점과 다르게 오픈형으로 주문했다. 문이 있는 옷장은 보기에는 깔끔하지만 생각보다 옷을 충분히 수납하기에는 공간이 부족했다. 실제로 사용해보니 옷은 곧바로 걸고 입을 수 있는 것이 조금 더 편리하다고 생각해서 옷을 충분히 걸 수 있는 2층 오픈형 옷장을 주문했다.

2인실에 비치한 2층 침대 사진이다.[72] 2인실에 침대를 비치하는 유형은 크게 두 가지이다. 1인용 침대를 2개 비치하거나 2층 침대를 1개 비치하는 것이다. 1인용 침대의 장점은 2층 침대에 비해 독립적으로 사용할 수 있다는 것이지만 방이 넓지 않으면 공간을 많이 차지한다는 단점이 있다. 2층 침대는 두 사람이 같은 침대를 사용하기 때문에 함께 자는 입주자의 영향을 크게 받는다는 단점이 있다. 예를 들면 한 입주자가 코를 골거나 침대에서 이동할 때 편안한 수면을 방해할 수 있다. 하지만 공간활용을 극대화할 수 있다는 장점이 있으므로 셰어하우스 운영자는 방의 크기와 원하는 디자인을 고려해 침대를 주문하도록 한다.

4호점에 비치한 2인실 침대는 2층 침대로 블랙 프레임이 그레이 컬러의 벽지와 잘 조화되어 세련되고 멋스럽다.

주방

BEFORE

위 사진은 주방 싱크대를 리모델링하기 전 모습이다.[73][74] 개수대 아래 수납장이 비대칭이라 문이 닫히지 않는 문제가 있었지만 전반적으로 상태가 크게 나빠 보이진 않았다. 하지만 몇 년만 더 지나면 크게 나빠질 것 같고, 개수대의 크기도 너무 커서 조리할 공간도 부족해 보인다. 따라서 개수대 크기를 줄이고 수납공간을 늘리는 방향으로 싱크대를 교체했다.

AFTER

싱크대 철거 후 벽 타일을 시공하는 중간 단계의 사진이다. 시공 당시 나는 시공자에게 헤링본 스

타일을 요청했다. 깔끔한 패턴이 안정감과 세련된 느낌을 준다.

싱크대 인테리어가 완성된 모습이다.⁷⁵ 홍대 1~3호점과 비슷하게 화이트톤 스타일로 시공해 깔끔하고 미니멀한 느낌을 준다. 특히 헤링본 타일 패턴이 밋밋한 주방 느낌을 개성 있게 채워준다.

4호점 주방 조명 역시 레일등 조명으로 아늑하고 세련된 느낌으로 포인트를 주고, 아늑하고 따뜻한 분위기를 만들기 위해 에디슨 전구를 달았다. 별 모양의 레일등과 에디슨 전구가 만나 밤하늘에 별이 뜬 것처럼 아름답다.

주방에는 전자레인지와 전기밥솥이 들어가는 수납장을 두었다.⁷⁶ 수납장 서랍에는 휴지, 쓰레기봉투, 청소도구 등을 비치해 편리하게 사용할 수 있도록 했다.

BEFORE

화장실 리모델링 진행 전 사진이다.[77] 사진으로 봤을 땐 크게 열악해 보이진 않지만 샤워기 위치가 애매해 샤워하고 나면 변기 및 세면대에 물이 잔뜩 튈 것 같아 걱정되었다. 그래서 샤워기 위치를 세면대 방향으로 바꾸고 리모델링을 진행하기로 했다.

AFTER

욕실 리모델링을 완성한 후의 사진이다.[78][79] 블랙과 화이트의 조화가 깔끔하고 세련돼 보인다. 여러 입주자가 거주하는 것을 고려해 선반과 수납장을 두 개 달아 수납을 더 편리하게 사용할 수 있도록 했다. 특히 포인트로 원형 거울을 달아 감각 있는 느낌을 연출했다.

인테리어 완성 후
4호점 이야기

가장 최근 오픈한 셰어하우스 홍대 4호점은 현재 남성전용 셰어하우스로 운영 중이다. 사실 처음에는 여성 전용으로 운영하려 했지만 지금까지 경험으로 비추어 보았을 때 남성전용 셰어하우스 수요가 강남 지역에서는 많을 것 같다는 판단이 들었다. 내 예상은 적중했고 강남 지역 직장인들이 거주 중이다.

홍대 1~3호점은 처음부터 여성전용 셰어하우스로 운영하는 것이 목표여서 인테리어 콘셉트도 그에 맞게 밝고 산뜻한 느낌으로 진행했다. 하지만 강남 4호점은 남성 직장인들을 모집하는 것이 목표여서 심플하고 모던하면서 안정감 있는 인테리어를 진행했다. 개인적으로는 4호점 인테리어가 가장 마음에 든다.

4호점은 처음부터 건물 자체에 큰 하자가 없었기 때문에 홍대점과 달리 대규모 리모델링 공사를 진행하지 않았다. 그 대신 쾌적하고 안정감을 주는 인테리어에 신경을 썼다. 현재 거주하는 분들은 물론 앞으로 거주할 분들이 쾌적하고 편안하게 생활하기를 진심으로 바랄 뿐이다.

· 4부 ·

따라만 하면 성공하는
셰어하우스 기본 운영공식
A to Z

16

나도 이제
입주자를 받아볼까?

입주자 모집 방법

인테리어가 끝나면 이제 본격적으로 입주자를 모집할 차례이다. 모집 방법에는 여러 가지가 있지만 가장 효과적인 방법은 인터넷에 본인의 셰어하우스를 올리는 것이다. 대표적인 셰어하우스 홍보 사이트로 '피터팬의 좋은 방 구하기', '방짝' 등이 있다. 최근에는 인스타그램, 페이스북 등 sns를 통한 홍보도 증가하고 있다. 이곳에 운영하는 셰어하우스 사진을 찍어 올리고 기본 정보를 입력하면 된다.

직접 블로그나 홈페이지 등을 운영하는 방법도 있다. 본인이 지속적으로 홍보해야 하고 비용이 든다는 단점이 있지만, 잘될 경우 셰어하우스를 찾는 사람들에게 신뢰를 줄 수 있고 대기 수요를 창출할 수 있다는 장점이 있다. 따라서 셰어하우스 운영 초기에는 기존 카페를 이용하고 어느 정도 호수가 늘고 운영기간이 길어지면 개인 블로그나 홈페이지 개설을 추천한다.

예비 입주자를 입주자로 만드는 특별한 비밀

이제는 이미지 시대 사진이 전부다

지금은 이미지를 통한 소통의 시대이다. 많은 사람들이 이용하는 인스타그램, 페이스북을 보면 알 수 있다. 앞서 소개한 핀터레스트는 이미지가 가장 극대화된 형태이다. 셰어하우스를 찾는 사람들은 제일 먼저 사진을 보고 찾아오기 때문에 잘나온 사진은 매우 중요하다. 아무리 인테리어를 잘해도 사진이 어둡거나 잘 나오지 않으면 매력이 크게 떨어진다. 따라서 인테리어 소품 등을 이용해 사진을 찍는 것도 좋은 방법이다. 실제 잡지에 나오는 인테리어 사진은 절반이 소품의 힘이다. 가구를 촬영할 때 딱 그 가구만 촬영하는 경우는 없다. 가구 밑에 깔리는 카펫, 주변 벽에 걸리는 액자, 시계, 식물, 커튼 등 수많은 소품이 활용된다. 그렇게 하여 가구의 이미지가 아름답게 완성되고, 구매하고 싶은 물건이 되는 것이다.

내 주변에 셰어하우스를 운영하는 분이 있다. 내가 봐도 정말 인테리어가 아름다웠다. 그런데 입주자 모집 광고에 올린 사진을 보고 크게 실망했다. 전부 어둡게 나와서 실물보다 훨씬 못한 사진이 된 것이다. 실제로 운영자는 입주자를 구하는 데 애를 먹었다. 그래서 사진을 더 환하고 밝게 찍어서 다시 올렸고 그제야 입주자를 구할 수 있었다. 이렇듯 사진은 예비입주자를 입주자로 만드는 데 결정적인 역할을 한다.

집착은 no! 밀당을 잘하자

카페나 블로그 등에 셰어하우스 모집 광고를 올리면 집을 직접 보고 싶은 사람들은 방문하길 원한다. 보통 문자나 전화로 연락이 오는데 이때에도 어느 정도 전략이 필요하다. 먼저 문자를 받으면 답변은 10분을 넘기지 않아야 한다. 보통 약속도 10분을 넘기면 상대에게 비호감을 갖게 된다고 한다. 문자 답장의 경우에도 10분의 의미는 크다. 사람들은 본인이 운영하는 셰어하우스만 찾는 것이 아니다. 이 점을 유념하자.

그렇다면 무조건 빠른 답변이 좋은 것일까? 그것도 아니다. 너무 빠른 답장은 소위 아쉬워 보이는 느낌을 줄 수 있다. '그럼 도대체 어떻게 하라는 건가?' 라고 생각할 수 있다. 개인적인 경험에 비추어 보았을 때 가장 좋은 방법은 문자를 받은 후 최소 3분 후에 답장하는 것이다. 약간 바쁜 느낌과 동시에 신중한 느낌도 주기 때문이다. 아무것도 아닌 것 같지만 실제로 중요한 부분이라고 생각한다.

방문 약속을 하고 실제로 방문자를 만난다면 어떻게 맞아야 할까? 처음 방문자를 만나면 눈을 보고 밝게 인사하는 것이 중요하다. 어둡고 칙칙한 표정의 사람을 보고 기분 좋을 사람은 없다. 처음부터 끝까지 예의 바르고 신뢰가 가는 인상을 주는 것이 중요하다. 방문자가 무거운 짐을 들고 있다면 들어주거나 방에 두도록 권해준다. 몸이 편한 상태에서 이야기해야 여유도 생기고 긍정적으로 생각할 가능성이 커지기 때문이다. 하지만 지나치게 배려하는 모습도 좋지 않다. 너무 아쉬워 보이기 때문이다. 소위 말하는 적절한 밀당의 기술이 필요하다. 그러나 밀당에 앞서 가장 중요한 자세는 입주자가 쾌적하게 생활하기를 바라는 진심이다. 속마음은 결국 은연중에 드러나기 마련이니 마음을 밝게 하고 방문자를 맞는 자세가 중요하다.

셰어하우스를 방문하는 사람들의 마음을 사로잡는 또 한 가지 방법이 있다. 바로 거실 슬리퍼를 준비하는 것이다. 방문자와 함께 현관을 지나 거실로 들어올 때 슬리퍼를 가지런히 비치하면 좀더 섬세하고 품위 있는 느낌을 준다. 슬리퍼 하나가 무슨 대수냐고 생각할지 모르지만, 방문자를 입주자로 만드는 일은 셰어하우스 운영에서 가장 중요한 일이다. 작은 차이가 의미 있는 결과를 만든다면 당연히 실행해야 한다.

마지막으로 무엇보다 중요한 것은 조급해 하지 않는 마음이다.

결국 올 사람은 오고 갈 사람은 간다. 미래의 결과를 자기 뜻대로 하려 하고 '안 오면 어쩌지?' 생각하며 조급해 하는 순간, 걱정이 시작되고 마음도 어두워진다. 이렇게 조급한 상태에서 방문자를 맞으면 입주를 원하지 않는 방문자에게 서운한 마음을 품게 되어 자기도 모르게 표정이 어두워질 수 있다. 하지만 방문자가 계약하지 않는다고 해서 실망할 필요는 없다. 아쉽더라도 오히려 웃으며 대하라. 내 경우 실제로 방문자는 계약하지 않았지만 대신 자신의 지인을 소개해 주어 계약하기도 했다. 그러니 마음을 비우고 결과에 너무 집착하지 말라. 올 사람은 결국 오기 때문이다.

셰어하우스에도 성수기, 비수기가 있다

처음 시작했을 때만 해도 나는 셰어하우스에도 성수기, 비수기가 있다는 사실을 몰랐다. 1호점의 경우 운 좋게 빨리 찼다고 생각했다. 하지만 2호점, 3호점이 될수록 입주자 모집에 시간이 더 오래 걸렸다. 직장인들은 시기에 큰 영향을 받지 않고 입주하는 편이지만 대학생들은 성수기와 비수기가 확연히 구분된다.

보통 대학생들은 방학을 맞고 학기를 시작하기 전에 집을 구한다. 그 시기가 1학기는 2월이고 2학기는 8월이다. 실제로 3월에 모집 공고를 했던 2호점의 경우 입주자 4명을 모두 모집하는 데 한 달 가까이 걸렸다. 당시에는 몰랐지만 나중에 알고 보니 이미 대부분의 학생들은 3월 전에 방을 모두 구한 상태였던 것이다. 실제로 입주자들 중 한 명만 인근 대학생이고 나머지 세 명은 직장인이었다. 주변에서 셰어하우스를 운영하는 사람들도 같은 생각이었다. 3월에 오픈한 셰어하우스는 좀처럼 학생 입주자를 모집하기 어려웠다고 한다.

그러니 입주자 모집 공고는 2월과 8월에 집중적으로 하자. 그래야 조금이라도 빨리 모집할 수 있다. 입주자 모집시기를 놓치면 셰어하우스 운영 수익률에 큰 영향을 미친다.

모집공고 제목과 할인 이벤트를 잘 어필하자

피터팬의 좋은 집 구하기, 방짝 등 사이트에 접속하면 하루에도 수십 개씩 셰어하우스 입주자 모집공고가 올라온다. 이 수많은 공고 중에서도 눈에 띄려면 제목을 잘 쓰는 것이 무엇보다 중요하다. 첫눈에 끌려야 클릭하기 때문이다. 그렇다면 눈에 띄는 제목을 쓰려면 어떻게 해야 할까?

제목을 눈에 띄게 하기 위해 별 같은 이모티콘을 많이 달기도 하지만, 이는 별로 효과적이지 않다고 생각한다. 보통 그런 제목은 기존 스팸메일 등에서 많이 쓰기 때문에 심리적으로 거부감을 가지기 쉽다. 그보다는 깔끔한 동그라미나 네모 등을 쓰는 것이 낫다. 제목 멘트는 교통과 할인조건을 강조하는 것이 좋다. 보통 방문자들은 위치와 금액을 가장 중요하게 생각하기 때문이다. 역세권이라면 지하철 역명과 집까지의 거리를 명시한다. 할인은 여러 방식이 있겠지만 경험상 가장 효과적인 방법은 특정 달 내에 계약 시 할인 조건이었다. 첫 달 월세 할인도 매력적이다. 방문자가 봤을 때 즉각적으로 할인 받을 수 있겠다는 인상을 주는 것이 중요하다. 그래야 계약으로 이어질 가능성이 높아진다. 할인 이벤트는 즉흥적인 느낌보다는 구체적인 기준을 제시하는 것이 좋다. 예를 들면 이번 달 계약 시 첫 달 30%할인, 6개월 이상 거주 시 만원 할인, 1년 이상 거주 시 3만원 할인 등으로 기준을 제시한다. 입주자 입장에서도 신뢰도가 향상되고 이후 불만이 없다.

그 외에 방문자들의 눈을 사로잡는 제목으로 북유럽풍 인테리어, 풀옵션, 올수리, 리모델링, 인근 대학교 이름과 집까지의 거리, 초고속인터넷 설치 등이 있다. 제목은 방문자를 입주자로 만들기 위한 첫 관문이다. 앞서 제시한 팁을 활용해 제목을 잘 어필하자.

중고는 no! 생활가전은 새 상품으로

대표적인 생활가전 품목은 에어컨, 냉장고, 세탁기, 전기밥솥, 전자레인지 등이 있다. 셰어하우스를 운영하려면 기본적으로 생활에 필요한 생활가전을 구비해야 한다. 따라서 입주자들이 평소 고장 등의 문제로 불편하지 않도록 품질에 문제가 없는 생활가전을 구비해야 한다.

자주 사용하는 생활가전은 가급적 새 상품을 구입하는 것을 추천한다. 대학 시절 자취할 때 작은 냉장고를 중고로 구입해 설치했는데, 그날 밤부터 냉장고 소음 때문에 잠을 이루지 못했다. 시간이 지나도 나아지지 않아 결국 설치기사에게 전화했지만, 그는 마치 본인과는 상관없다는 태도로 일관했고 결국 그대로 한동안 사용할 수밖에 없었다. 그 이후로 중고로 물건을 살 때는 성능에 문제가 없는지 잘 살피고 신중하게 구매하기로 마음먹었다.

문제는 그뿐 아니다. 중고상품은 당장 문제가 없더라도 나중에 고장이 날 경우 상품을 제조한 회사 측에 A/S를 의뢰하기가 어렵다. 문제 발생 시 개인업체에 의뢰해 수리해야 하는데 비용이 든다는 단점이 있다. 여러 명이 공동으로 생활하는 셰어하우스에서 만약 냉장고나 에어컨이 고장 나면? 수리하면 그만이라고 생각하기에는 입주자들의 일상에 지장이 크다. 따라서 이런 점을 잘 고려해 생활가전을 구입해야 한다.

중고가전은 새 가전보다 가격이 저렴하지만 고장이 잦다면 싸게 산 의미가 없다. 생활가전은 수명이 있다. 아무리 조심해서 잘 써도 10년 이상 사용하기 어렵다. 중고가전은 과거에 출시된 상품이 대부분이기 때문에 구입하더라도 잔존 수명이 길지 않은 편이다. 이렇게 이야기하는 이유는 기본적으로 셰어하우스 운영을 최소 3년 이상 한다는 기준으로 가정하기 때문이다. 보통 3년이면 생활가전 제품을 거칠게 사용했을 경우 한 번쯤은 고장 나는 경우가 많다. 셰어하우스 운영을 3년 미만으로 할 계획이라면 중고제품 구매도 좋은 선택이 될 수 있다. 따라서 본인의 운영 계획과 상황에 맞는 선택을 하면 된다.

생활가전을 새 상품으로 구매하는 게 낫다고 생각하는 또 다른 이유는 입주자들의 만족도 때문이다. 새 상품으로 구매하면 일단 보기에도 집이 쾌적한 느낌이며 자연히 신뢰도도 향상된다. 셰어하우스 운영에 있어 편안함과 신뢰도는 매우 중요한 요소이다. 입주자들이 전반적으로 편안하고 쾌적하게 생활하면서 운영자에 대한 신뢰도까지 높다면 주변 셰어하우스를 찾는 사람들에게 추천할 수도 있다. 문제가 없으면 입주기간이 끝나도 재계약을 할 확률이 높아지고 결국 대기수요가 생길 확률이 높아진다.

청결함이 최우선

좋은 셰어하우스의 조건으로 교통, 주변 편의시설, 인테리어 등이 있지만 그중 가장 중요한 요소는 청결일 것이다. 아무리 인테리어가 아름답더라도 관리가 잘 안 되어 청결하지 못하다면 입주자들의 만족도는 크게 떨어질 것이다. 따라서 셰어하우스를 성공적으로 운영하려면 청결을 위해 신경을 써야 한다.

그렇다면 청결한 인상에 가장 큰 영향을 주는 것은 무엇일까? 여러 가지가 있겠지만 나는 화장실 상태라고 생각한다. 아침에 일어나서 바로 향하는 곳이 화장실이고 잠들기 전 반드시 들르는 곳이 화장실이다. 이렇게 하루의 시작과 끝을 함께하는 화장실이 지저분하다면 삶의 질이 떨어질 수밖에 없다.

쾌적한 화장실을 만들기 위해 꼭 비싼 돈을 들여 리모델링할 필요는 없다. 깔끔한 인상을 주면 된다. 눈에 띄게 녹이 슬었거나 곰팡이가 핀 경우는 문제가 크다. 특히 화장실은 습하기 때문에 환풍이 잘 되는지도 중요하다. 화장실 상태를 객관적으로 살펴 지저분한 곳은 없는지 잘 확인하고 마무리하도록 한다.

그 외에 평상시 청결을 잘 유지할 수 있도록 청소도구를 눈에 띄는 곳에 비치한다. 또한 분리수거 날짜와 방법을 상세히 명시해 모두가 볼 수 있는 곳에 공지를 붙여놓아 입주자들이 확인하고 청소할 수 있도록 한다. 셰어하우스 운영자는 본인이 직접 혹은 청소업체를 통해 정기적으로 대청소를 진행해 입주자들이 쾌적하게 지낼 수 있도록 한다.

17

셰어하우스 계약서 작성법 및 유의사항

셰어하우스 계약서 양식을 알아보자. 셰어하우스라고 해서 특별한 계약 양식이 따로 필요하지는 않다. 법무부에서 제공하는 주택표준 임대차 계약서를 그대도 사용해도 되고 조건에 맞게 변형해서 사용해도 된다. 운영자 본인이 원하는 양식으로 만들어 사용해도 된다. 단, 계약서를 작성할 때 주의해야 할 몇 가지 유의사항이 있다.

일반 임대계약과 달리 셰어하우스는 단기거주자가 많은 편이므로 계약 전에 입주자의 신분을 정확히 알아야 한다. 그렇지 않으면 입주 후 입주자로 인한 문제가 생겼을 때 책임을 묻기 어렵다. 따라서 직장인이라면 명함을 받아두고 학생이라면 학생증을 확인해야 한다. 셰어하우스 계약서도 임대차 계약에 속하기 때문에 계약서에는 입주자와 셰어하우스 운영자의 주민등록번호와 주소 등 신분을 명시한다. 명시가 끝나면 각각 운영자와 입주자가 계약서에 간인서 명을 하고 한 부씩 나누어 가진다.

또 한 가지 중요한 팁은 입주자 준수사항 수칙을 마련하는 것이다. 일반 임대차는 공동으로 생활하는 형태가 아니기 때문에 따로 필요 없지만 셰어하우스는 다수의 입주자가 공동으로 거주하기 때문에 준수사항 수칙이 반드시 필요하다. 특히 대다수의 입주자에게 피해를 주는 행위를 하는 입주자가 있다면 입주자 준수사항 수칙에 근거해 기분 나쁘지 않게 정확하게 이야기해야 한다. 이렇듯 문제 발생 시 원만한 해결을 위해서라도 입주자 준수사항 수칙은 중요한 근거가 된다.

입주자 준수사항 수칙 샘플은 아래와 같다. 여기에 입주 시 예상 되는 문제점이 있다면 그 부분에 대해서도 유의사항이나 해결안을 명시하면 된다. 일반적으로 셰어하우스 입주자들이 함께 생활하면 서 가장 민감한 부분은 아무래도 월세 및 관리비와 소음, 청소문제 일 것이다. 따라서 입주자 준수사항수칙에 향후 문제가 될 만한 사 항에 대해 기준을 어길 시 해결 방법을 명시해야 한다. 이렇게 작성 한 입주자 준수사항 수칙 역시 운영자와 입주자가 간인하고 한 부씩 나누어 가진다. 추후 문제 발생시 정확한 근거자료가 되게 하기 위 해서이다.

입주자 준수사항 수칙

- 지인 초대 시 오후 10시 이후 퇴실합니다(단, 이성친구 초대는 금지합니다. 여성전용 셰어하우스라 양해 바랍니다).
- 정화조 청소 및 청소도구 구비는 매니저가 담당합니다. 단, 각 방 청소는 청소도구함에 비치된 도구를 이용해 필요하실 때 수시로 직접 청소합니다. 거실은 일주일에 한 번씩 돌아가면서 입주자들 간 당번을 정해 분리수거 및 거실 청소를 합니다(번거로우시더라도 20분 정도만 할애하셔서 분리수거함을 비우고 거실을 쓱쓱 닦아주시면 쾌적하게 사용하실 수 있습니다).
- 월세 미납 시 퇴실합니다. 퇴실 예정 시 두 달 전까지 매니저에게 말씀해주세요.
- 외출 시 창문이 잘 잠겨 있는지 확인합니다. 오전에 20분 정도 거실 창문을 열어 환기하시면 쾌적하게 생활하실 수 있습니다.
- 샤워 후 머리카락을 잘 치우도록 합니다. 평소에 치워주시면 배수구가 막히지 않고 쾌적하게 사용하실 수 있습니다(단, 머리카락은 변기가 아닌 거실 휴지통에 넣어주세요. 변기가 막힐 우려가 있어 방지하기 위함이니 양해 바랍니다).
- 화장실 변기 사용 시 가급적 물을 자주 내리시어 변기가 막히지 않도록 노력해주시면 막히는 것을 예방할 수 있습니다.
- 외출 시 난방을 외출모드 내지 전원을 끄고 외출합니다. 난방비를 절감하실 수 있습니다.
- 온수사용 시 수도꼭지를 왼쪽으로 많이 돌리면 화상을 입을 우려가 있으니 가운데로 맞추신 후 천천히 온도조절을 하면서 사용하시면 화상을 예방할 수 있습니다.
- 취사 후 환풍기를 작동시키고 현관 쪽 창문을 열어 환기를 시켜 냄새가 집안에 오래 머물지 않도록 합니다.
- 화장실 이용이 겹칠 경우를 대비해 입주자 분들 간 사용 시간을 대략 설정하시면 편리하게 이용하실 수 있습니다.
- 실내 금연은 절대 금지하며 2회 이상 적발 시 퇴실조치 합니다.
- 기타 문제 및 궁금한 점이 있으시면 매니저에게 연락주세요.

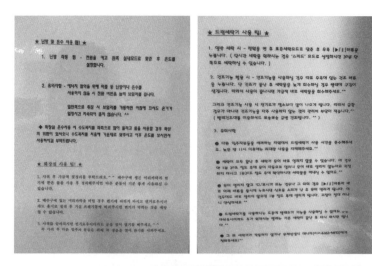

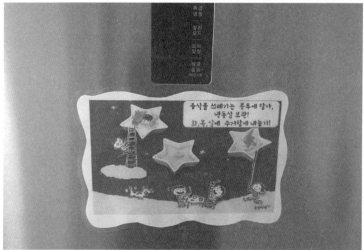

실내에 분리수거 방법, 난방 및 세탁기 사용법 등을 정리해 벽에
붙여 두어 입주자들이 확인할 수 있도록 했다.

18

월세 및 관리비
운영 방법

월세 유형

셰어하우스를 운영하면 임대료는 어떤 형태로 받을까? 사실 이것도
정답은 없지만 일반 임대차 계약과 가장 큰 차이점은 보증금이다.
일반 임대차는 보통 서울 원룸을 기준으로 했을 때 약 1000만원 정
도를 보증금으로 받는다. 집주인 입장에서 임차인이 월세를 미납할
경우를 대비하기 위해서이다. 기물 파손 등의 문제발생 시 임차인이
계약기간이 끝나고 퇴실할 경우 보증금에서 일부 비용을 차감하고
남은 금액을 돌려준다. 즉 보증금은 대개 임대인 입장에서 리스크를
피하기 위해서이다.

하지만 셰어하우스는 일반적으로 몇 달치의 월세를 보증금으로 받는다. 적게는 한 달 정도의 월세를 보증금으로 받거나 아예 보증금 없이 운영하는 곳도 있다. 이렇게 셰어하우스가 보증금을 적게 받거나 심지어 무보증 조건으로 운영되는 이유는 무엇일까?

가장 큰 이유는 단기거주와 공동생활 형태이기 때문이다. 미국 유럽 등 외국와 달리 국내에서는 셰어하우스의 개념이 생소한 편이다. 가장 유사한 형태로 하숙집이 있지만 셰어하우스는 그와도 조금 다르다. 형태만 유사할 뿐 기본 콘셉트는 외국의 셰어 트렌드에 맞춰 진화해 국내에서 시작된 개념이기 때문이다. 미국이나 유럽 등에서는 부동산을 계약할 때 한국처럼 보증금을 많이 받지 않는 편이다. 비록 월세가 비싸더라도 보증금을 1000만원 이상을 정해 계약하는 경우는 거의 없다. 예를 들어 6개월을 거주하기로 계약한 외국인들은 6개월 치를 선납하고 생활한다. 굳이 약 1000만원이나 하는 보증금을 따로 지불하지 않으며, 심지어는 거액의 보증금에 놀라고 이해할 수 없다는 반응을 보인다. 하지만 우리나라는 월세를 선납하는 형태를 생소하다고 느낀다. 이런 기준이 언제부터 시작된 것인지는 잘 모르지만 나라마다 다른 기준과 관행을 이해하고 수용해야 할 것 같다.

이렇듯 주로 단기거주자가 많은 셰어하우스는 보증금을 많이 받을 필요는 없다. 일반 임대차 계약은 보통 1년을 계약하는데 만약 1년 동안 임차인의 월세가 밀리면 보증금에서 차감한다. 하지만 셰어하우스는 통상 최소 3개월부터 1년 이상까지 계약기간이 다양하므로 굳이 큰 보증금액을 받을 필요는 없다.

그리고 셰어하우스는 여러 명의 거주자가 함께 생활하는 공간이기 때문에 혼자 사는 것에 비하면 불편을 감수해야 하는 부분도 있다. 그렇기 때문에 혼자 사는 원룸 계약과 달리 큰 보증금을 지불하는 것은 합리적이지 않다. 무엇보다도 셰어하우스가 적은 보증금으로 운영되는 이유는 이용자들이 대부분 학생과 사회초년생이기 때문이다. 이들은 큰 보증금을 고민 없이 지불하고 계약할 만큼 경제적으로 넉넉하지 않은 편이므로 1000만원 가까운 보증금은 부담스러운 금액이다. 따라서 보증금액이 적거나 무보증으로 운영되는 셰어하우스는 이들에게 충분히 매력적인 대안이 될 수 있다.

셰어하우스의 임대료 납부 형태는 어떤 유형이 있는지 알아보자.

1~3개월치 보증금+월세

일반적으로 가장 많이 볼 수 있는 형태이다. 일례로 3개월을 거주할 경우 입주자가 월세를 납부하지 않더라도 기존의 보증금에서 차감하면 되므로 안정적으로 운영할 수 있다. 월세 40만원 방을 3개월 기간으로 계약할 때 보증금 120만원을 받고 월세 40만원으로 계약하는 것이다.

그런데 만약 6개월을 계약할 때 처음 한 달만 월세를 납부하고 남은 기간 계속 월세를 미납하면 문제가 될 수 있다. 하지만 이런 경우는 흔치 않다. 이런 일이 발생하더라도 입주 시 작성한 입주자 준수 사항 수칙에 월세 미납 시 퇴실 규정이 있으므로 운영자는 이를 근거로 퇴실을 요구할 수 있다. 셰어하우스는 여러 명이 함께 거주하기 때문에 눈치 때문에라도 월세를 내지 않고 6개월 이상을 버티는 입주자는 거의 없다.

무보증 + 월세

흔하지는 않지만 셰어하우스에서 많이 쓰이는 형태이다. 무보증 조건이기 때문에 홍보효과가 크고 입주자들의 부담이 적다는 장점이 있지만, 입주자가 월세를 미납하면 관리가 어렵다는 단점이 있다. 따라서 이 유형은 기존 입주자가 월세가 밀리지 않는 것이 검증되었거나 가까운 지인이 거주하는 경우에 추천하는 방식이다.

월세 선납

말 그대로 계약서에 명시한 거주기간의 월세를 계약 시 한 번에 일시로 선납하는 것이다. 해외 셰어하우스에서 많이 사용하는 방식이다. 내가 운영하는 셰어하우스도 이 방식을 사용한다. 3개월 등 단기 거주 시에는 3개월 치 월세를 선납하는 것에 큰 거부감이 들지 않지만 6개월 이상이 될 경우 입주자 입장에서는 부담스러울 수 있다. 따라서 이 경우 계약기간을 6개월로 하되 3개월씩 두 번으로 나누어 선납 받는 방법도 좋다. 월세 40만원인 방을 2017년 1월 1일부터 2017년 6월 30일까지 6개월 계약한 경우, 2017년 1월 1일에 3개월 치인 120만원을 받고 3개월 후인 3월 30일 나머지 3개월 분의 월세 120만원을 받는 방식이다. 이렇게 운영하면 3개월 이후에 월세를 미납하는 경우 리스크가 될 수 있지만 보통 그런 경우는 많지 않다. 월세를 선납으로 받으면 운영자 입장에서는 매달 월세를 독촉할 필요도 없고 입주자 입장에서도 중간에 갑자기 이동하는 상황을 예방할 수 있다는 장점이 있다.

전세

흔한 형태는 아니지만 전세로 운영되는 셰어하우스도 있다. 운영자의 상황과 판단에 따라 올 전세 형태로도 운영 가능하다. 정확한 기준이 있는 것은 아니지만 전세로 운영하면 운영자 입장에서는 전세금을 활용할 수 있는 장점이 있고 입주자 입장에서는 전세금을 돌려받을 수 있어 심리적 부담이 적다.

마지막으로 월세 기준은 입주자들 간 차등을 두지 않도록 신경 써야한다. 입주자들 간 월세가 차이 날 경우 나중에 그 사실이 알려지면 문제의 소지가 있다. 누구라도 같은 조건의 방을 사용하는데 다른 입주자보다 월세를 더 많이 내고 있다면 기분이 좋지 않을 것이다. 실제로 셰어하우스를 운영하다 공실이 발생하면 월세를 할인해서라도 입주자를 모집하고 싶은 유혹에 사로잡힐 때가 있다. 나도 그런 생각을 한 적이 있었다. 당장은 그렇게 입주자를 모집하더라도 그 사실을 비밀로 해야 하는 문제가 생긴다. 할인해준 입주자에게 그 부분을 비밀로 해달라고 부탁하더라도 운영 중 불안한 느낌은 지울 수 없을 것이다. 정말 할인을 해야만 공실을 피할 수 있다는 생각이 들면, 단기간에 일시적으로 할인해 주는 것을 추천한다.

관리비 설정 방법

—

이번에는 셰어하우스 운영에서 가장 중요한 관리비 설정 방법을 소개하겠다. 보통 관리비를 설정하는 방법은 매달 일시불로 일정 금액을 납부하는 방법과 사용한 만큼 입주자들이 1/n로 납부하는 방법이 있다. 각 방식의 장단점에 대해 알아보자.

일시납

보통 한 달에 5만원 정도를 관리비로 책정한다. 수도세, 전기세, 가스 비, 인터넷비 등이 모두 포함된 가격이다. 입주자들이 크게 낭비하지 않으면 보통 1인당 5만원의 관리비 정도면 어느 정도 여유 있게 관리할 수 있다. 하지만 여름과 겨울에는 주의할 필요가 있다. 여름에는 에어컨을 가동하고 겨울에는 난방을 하기 때문이다. 여름철 에어컨과 겨울철 난방비의 경우 아끼지 않고 사용하면 누진세가 적용될 우려도 있다. 따라서 한여름과 한겨울에는 관리비를 평소보다 2~3만원 정도 높여 운영하는 것도 좋은 방법이다.

일시불로 관리하기 때문에 입주자들에게 매달 따로 관리비를 요구할 필요가 없어 운영이 편하다는 장점이 있지만, 입주자들이 수도 전기 등 에너지를 무분별하게 많이 사용할 경우 관리비를 초과할 수 있다는 단점이 있다. 하지만 일반적으로 그런 경우는 드물다. 만약 이런 일이 발생한다면 입주자 입장에서 생각했을 때 관리비가 너무 비싸다고 생각하거나 자신에게 돌아오는 혜택이 적다는 느낌을 갖기 때문이다.

1/n

입주자들이 사용한 관리비를 사용한 만큼 인원 수로 나누어 납부하는 방법이다. 관리비를 입주자들이 사용한 만큼만 내기 때문에 납부 방식을 신뢰한다는 장점이 있다. 아낀 만큼 관리비를 줄일 수 있기 때문에 평소에 에너지를 아끼려고 노력한다.

하지만 운영자 입장에서는 기존에 사용한 관리비를 우선 본인이 납부하고 1/n로 나눈 후 입주자에게 개별적으로 전달해야 하는 불편함이 있다. 관리비를 제때 납부하면 다행이지만 종종 한참 후에 납부하거나 납부를 미루는 입주자들도 있다. 그리고 보통 관리비는 입주자들이 입주 후 최소 한 달 뒤부터 고지서를 받기 때문에, 거주기간이 끝나는 마지막 달의 경우 퇴실 후 받아야 하는 상황이 생길 수 있다. 물론 관리비는 고지서가 나오기 전이라도 현재까지 사용량을 확인할 수 있다. 전기세는 한국전력(국번 없이 123)에서 확인 가능하고 수도세, 가스요금도 해당 기관에 전화해 확인이 가능하므로 퇴실하기 전에 확인하고 미리 사용한 만큼의 관리비를 받는 것이 입주자 입장에서도 편할 것이다.

두 방식 중 무엇이 더 낫다고 할 수는 없다. 앞서 제시한 장단점을 생각하고 운영자 입장에서 편한 방식을 선택하면 된다. 다만 관리비 정산에 있어 유의할 부분이 있다. 셰어하우스에 거주하는 입주자들은 저마다 입주기간이 다를 수 있다. 이때 관리비를 일괄적으로 정산하면 뒤늦게 입주한 입주자는 납득하기 어렵다. 따라서 이 경우 그 달의 관리비를 일수로 나눈 후 산정한 일일 관리비를 나중에 입주한 입주자가 거주한 일수를 곱해 산정하면 된다. 거주 일수가 미미하다면 입주 환영 선물로 그 일수만큼 운영자가 납부하는 것도 좋은 방법이다.

관리비 포함은 어디까지?

—

일반적으로 관리비에 포함되는 항목은 전기세, 수도세, 도시 가스비가 있다. 여기에 부가적으로 인터넷 및 청소 비용이 있다. 관리비에 포함되는 항목의 유형을 몇 가지 제시하면 다음과 같다.

(유형 1) 전기료 + 수도료 + 도시가스료 + 인터넷 등

(유형 2) 기본관리비 : 전기료 + 수도료 + 도시가스료 등

　　　　 부가관리비 : 인터넷 + 청소비 + 비품관리비 등

(유형 3) 기본관리비 + 초과 부분에 대해 1/n

관리비에 포함되는 항목 역시 정답은 없다. 현재 내가 운영하는 셰어하우스 중 3군데는 1/n로 관리하고 있고 인터넷은 무료 서비스로 제공하고 있어 관리비에 포함되지 않는다. 나머지 한 곳은 한달 5만원으로 관리비를 받아 운영하고 있다. 따라서 운영자의 현재 상황에 따라 적절한 유형을 선택하면 된다.

효과적인 관리 방법

—

운영하는 셰어하우스의 수가 많지 않으면 관리비 관리는 힘들지 않

다. 하지만 그 수가 늘어나면 복잡하게 다가오기 시작한다. 각종 관리비를 편하게 관리하는 방법이 없을까? 내 경우 전기세는 한국전력에 문자서비스를 신청해 매달 사용 금액이 문자로 전송된다. 수도세는 두 달에 한 번 부과되는데 문자서비스가 제공되지 않아 이메일로 받고 있다. 문자로는 상세내역이 전송되지 않고 납부 금액만 표시되기 때문에 상세내역을 사진으로 찍어 입주자들에게 전송한다. 도시 가스비는 문자서비스를 받을 수 있다. 이렇게 기본 관리비는 문자 및 이메일 서비스를 신청해 종이 고지서를 확인하지 않더라도 편하게 알아볼 수 있다.

관리비는 체납하지 않아야 한다. 모든 관리비는 체납하면 다음 달부터 가산금이 붙는다. 입주자들에게 가산금을 부담하게 할 수는 없으니 평소 관리비가 체납되지 않도록 자동이체를 신청하도록 한다. 그러면 더욱 편리하게 각종 공과금을 관리할 수 있다.

공과금 내역은 단톡방 등을 만들어 입주자들에게 통지하는 방법을 추천한다. 사진 전송도 편하고 입주자 전체에게 공지할 수 있기 때문에 관리가 편하다. 피드백도 즉각 받을 수 있고 문제가 발생하거나 궁금한 점이 있을 때에도 소통이 원활하다.

단톡방은 단지 고지서 공지만을 위한 것은 아니다. 평소 기분 좋은 격려의 말을 전할 수 있고 함께 맛집을 가거나 모임을 위한 즐겁고도 소소한 대화를 나누는 공간이 될 수도 있다. 셰어하우스 거주자들은 대개 바쁜 직장인과 취업준비 중인 대학생이다. 지치고 힘든 하루지만 단톡방을 통해서라도 서로 격려하면 힘이 난다. 운영자가 입주자들을 불편하게 하지 않는다면 이런 분위기는 입주자들과의 관계를 더욱 훈훈하게 만들어 준다.

19

공실율을 낮추고 수익률을 높이는 가장 확실한 방법

어떤 입주자를 구해야 하나요?

성공적인 셰어하우스 운영을 위해 가장 중요한 것은 낮은 공실률과 높은 수익률 유지다. 그렇다면 이 두 마리 토끼를 동시에 잡는 방법은 무엇일까? 여러 가지가 있겠지만 결정적인 해답은 입주자에 있다.

셰어하우스를 운영하다 보면 여러 유형의 입주자들을 만난다. 대화가 잘 통하고 배려하는 입주자들로만 채워지면 더할 나위 없이 좋겠지만 현실은 그렇지 않다. 종종 다른 입주자들에게 불편을 주는 사람도 있고 운영자에게 불편한 느낌을 주는 입주자도 있다. 함께 살기에 좋은 사람인지 아닌지를 한눈에 정확하게 구별할 수 있는 방법은 없다. 첫인상은 좋았으나 막상 함께 거주하니 생각과 달리 까다로워 힘들 수도 있고, 반대로 첫인상은 별로였으나 덤덤하게 문제없이 함께 잘 생활하는 입주자도 있을 수 있다. 그렇다고 해서 입주자를 모집할 때 아무 판단 기준 없이 받을 수는 없다. 입주 전에 사람의 성향을 정확히 파악하기도 힘들다. 하지만 지금까지 운영한 나의 경험에 비추어 좋은 입주자를 구하는 몇 가지 팁을 말해보려 한다.

셰어하우스 거주를 원하는 사람들은 운영자에게 메시지나 전화로 연락한다. 방문 전에 먼저 전화 통화를 하는 편이 좋다. 메시지만으로는 상대방 본연의 캐릭터를 알기 어렵기 때문이다. 1~2분 정도 대화를 나누다 보면 메시지보다 상대방에 대한 많은 정보와 분위기를 알 수 있다. 일례로 방문 예정자의 말투가 거칠거나 고집 센 느낌을 준다면 신중하게 판단하는 것이 좋다. 셰어하우스에 거주한 적이 한 번도 없는 사람은 공동생활에 잘 적응하지 못할 수도 있으니, 이런 경우에는 셰어하우스 생활에 대해 알려주고 원만히 지낼 수 있겠는지 의향을 물어보는 것이 좋다. 결벽증 여부도 확인하는 편이 좋다. 결벽증이 심한 입주자의 경우 조금만 문제가 생겨도 스트레스를 받을 수 있기 때문이다.

마지막으로 입주자 유형별 특징을 살펴보자. 나이가 비교적 어린 학생들은 직장인보다 정리정돈이 조금은 안 되는 편이다. 학생 모두 그런 것은 아니지만 직장인에 비해 그런 경우가 많다. 따라서 본인이 운영하는 혹은 운영하게 될 셰어하우스를 자주 방문하지 못하는 상황이라면 평소 정리정돈을 잘하는지 여부를 확인하고 입주자를 받는 것도 의미 있다. 셰어하우스는 함께 생활하는 공간이기 때문에 특히 2인실일 때 둘 중 한 명이 정리정돈을 제대로 하지 않으면 다른 입주자가 스트레스를 받는다. 지속적으로 스트레스를 받을 경우 입주자들 간 트러블이 생길 수 있으므로 평소 정리를 잘하도록 분위기를 만들어 주어야 한다. 만약 입주자가 지속적으로 정리정돈을 하지 않아 불편함이 지속될 경우 패널티 등 제재 방안을 마련해두는 것도 좋다.

기존 입주자와의 재계약을 유도하라
—

셰어하우스가 성공적으로 운영되는지 판단하는 척도에는 여러 가지가 있다. 그중 가장 중요한 것은 공실의 유무인데 이는 바로 수익률과 직결되기 때문이다. 공실률을 낮추려면 어떻게 해야 할까?

새로운 입주자를 적극 모집하는 방법도 좋지만 가장 좋은 방법은 기존 입주자와 재계약하는 것이다. 새 입주자는 성향을 예측하기 어렵지만 기존 입주자는 어떤지 이미 알고 있다. 모범 입주자라면 혜택을 줘서라도 재계약을 유도하는 것이 좋다. 나는 아무 문제 없이 잘 지내는 성격 좋은 입주자와 재계약에 성공했다. 사실 처음에 이 입주자는 직장과의 거리 때문에 다른 셰어하우스로 이주할 생각이 었는데 계약기간이 끝나고 헤어지기에는 너무나 아쉬웠다. 그래서 재계약을 위해 첫 달 월세 할인 혜택을 제공했다. 그리고 이후 그 입주자와 1년 재계약을 했다. 즉 첫달 월세 할인을 통해 공실을 없애고 1년동안 꾸준히 월세를 받게 되었다.

기존의 모범 입주자가 굳이 현재 살고 있는 셰어하우스를 떠나야만 하는 상황이 아니라면 협상을 통해 가급적 재계약을 유도하자. 공실률과 수익률 모두 만족할 수 있고 나아가 안정적인 셰어하우스 운영이 가능해진다.

· 5부 ·

잘되는 셰어하우스는
다 이유가 있다

20

나는 집주인이 아니라
입주자다

내가 살고 싶은 집이 남도 살고 싶은 집이다

"내가 살고 싶은 집이 남도 살고 싶은 집이다."

나는 이 말을 진리라고 생각하면서 셰어하우스를 운영하고 관리한다. 흔히 임차인을 받아 세를 주는 사람들은 가장 저렴한 리모델링 정도면 충분하다고 생각한다. 내가 살 집도 아닌데 굳이 큰돈 드는 리모델링의 필요성을 느끼지 않는 것이다. 물론 수익률 면에서 보면 적은 비용으로 리모델링하는 것이 이익이지만, 집이라는 것은 사람이 거주하는 공간이다. 편안하게 쉬어야 하고 생활하면서 문제가 생기지 않아야 한다. 따라서 비용 절약만 생각하기보다는 '내가 살아도 좋은 집인가' 라는 관점에서 생각해야 한다. 특히 셰어하우스는 여러 명이 함께 생활하는 공간이기 때문에 혼자 사는 것에 비해 쾌적한 생활환경이 중요하다. 따라서 약간의 리모델링과 인테리어로 지저분한 공간이 쾌적해진다면 과감하게 시도하는 것이 좋다. 물론 리모델링에 지나치게 많은 비용이 든다면 배보다 배꼽이 커질 수 있으니 그 점은 유의해야 한다.

생활가전은 장기간 사용해도 문제가 없도록 품질이 좋은 상품을 고른다. 각 방에 가구 등을 배치할 때도 동선을 잘 고려한다. 휴지, 치약, 세제 등 거주하면서 자주 사용하는 품목이 잘 비치되고 있는지 등도 신경 써야 하고, 평소 집안이 청결하게 잘 유지되고 있는지 관리해야 한다.

청소는 운영자가 직접 하는 영역과 입주자들의 영역을 구분하는 것이 좋다. 따로 청소업체를 두고 관리하지 않는 이상 혼자서 모든 청소를 주기적으로 하기란 힘들다. 따라서 하수구 청소 및 침대 매트리스 커버 세탁 등의 관리는 운영자가 직접 하고 쓰레기 분리수거 및 각방 청소는 입주자들이 수시로 하도록 한다. 빗자루, 대걸레, 청소포, 쓰레기봉투 등 기본 청소도구는 상시 비치해 입주자들이 언제든 사용할 수 있게 한다. 물론 이렇게 운영하더라도 집이 지저분해질 수 있다. 특히 씽크대에 설거지가 오래 쌓여 있거나 쓰레기 분리수거가 제대로 되지 않으면 문제이다. 이럴 때는 종종 운영자가 마무리하는 것이 좋다. 사실 모든 입주자가 매번 깔끔하게 청소하는 경우는 매우 드물다. 이런 일이 자주 반복되거나 정도가 심하면 입주자들에게 직접적으로 이야기하는 것이 좋다. 하지만 종종 발생하는 경우라면 운영자가 직접 청소하여 입주자들에게 약간 미안한 감정이 들게 하는 것도 괜찮다. 입주자 입장에서는 미안한 마음과 함께 집을 소중하게 생각한다는 인상을 받기 때문이다.

청소업체를 이용하는 것도 괜찮은 방법이지만 관리하는 셰어하우스의 수가 많지 않다면 추천하지 않는다. 운영 중인 셰어하우스의 수가 적은 경우 한 달에 약 10만원 이상 지불해야 하는 청소 서비스는 수익률에 큰 영향을 미친다. 차라리 입주자 중 한 사람을 방장으로 정해 월세를 할인해주고 관리하게 하는 편이 낫다. 낯선 외부인이 청소하는 것보다 입주자가 관리하는 것이 보안에도 좋고 운영자 입장에서도 연락하기 편하다. 만약 방장이 청소관리를 소홀히 한다는 판단이 들 경우 다른 입주자를 방장으로 정해 운영하면 된다.

이 외에 누구나 살고 싶다는 생각이 드는 셰어하우스를 운영하려면 따뜻한 분위기를 조성해야 한다. 즉 머물고 싶다는 느낌인데, 이는 몇몇 사안들만 신경 써서 될 일이 아니다. 입주자들의 마음에 운영자의 진심 어린 마음이 전달되었을 때 가능하다. 여기서 말하는 진심은 입주자들이 진정 행복하게 지내길 바라는 운영자의 마음이다. 입주자들을 단순히 월세를 내는 고객으로만 여긴다면 과연 진심이 전달될까?

운영자는 단지 집주인이라는 생각을 버려야 한다. 그래야 입주자 입장에서 무엇이 불편하고 무엇이 필요한지 잘 파악할 수 있다. 운영자와 입주자들의 관계는 편안해야 한다. 만약 운영자가 집주인이라는 생각으로 입주자들을 불편하게 할 경우 소통이 어려워 작은 문제가 큰 문제로 번질 수 있다. 셰어하우스 운영자는 자신이 집주인이 아니라 입주자라는 생각을 가져야 한다.

작은 선물 그리고 큰 감동, 입주자의 마음을 울려라

셰어하우스 입주자들은 친구와 함께 오지 않은 이상 처음에 서먹하기 마련이다. 따라서 이런 초반의 분위기를 풀어주는 것은 중요하다. 그래서 운영자와 모든 입주자가 모이는 입주자 환영회를 열어주면 좋다. 환영회는 정해진 방식이 없다. 각자의 생활 패턴이 다르기 때문에 모든 입주자가 같은 시간과 장소에 모이기는 생각보다 어렵다. 그래서 보통 입주 당일보다 입주한 그 주의 주말로 약속을 잡는다. 처음 입주자들과 만날 때는 부담스러워 하는 사람도 있을 수 있으므로 적당히 짧게 만남을 유도하고 먼 곳보다는 가깝고 편안한 장소를 택한다.

　내가 운영하는 셰어하우스는 주변에 분위기 좋은 카페와 음식점이 많아 입주자 환영회 장소 물색에 어려움이 없다. 나는 처음부터 먹고 마시는 분위기는 과하다고 생각해 저녁에 분위기 좋은 근처의 예쁜 카페에서 입주자들과 첫 미팅을 했다. 맛있는 디저트와 음료로 화기애애한 분위기 속에서 서로 마주하고 이야기를 시작했다. 처음에는 다들 서먹서먹했지만 운영자인 나는 아이스브레이커 역할을 잘 수행했다. 나는 평소 말수가 적은 편이지만 사람을 만나고 이야기하는 것을 크게 어려워하지 않아 처음 어색했던 분위기는 사라지고 웃음이 끊이지 않는 분위기가 조성되었다. 나와 입주자들은 현재 어떤 일을 하는지 등 간단한 자기소개를 했고 과거 힘들었던 일들 등을 이야기하면서 서로 공감하고 위로도 했다. 그렇게 예쁜 카페에서 맛있는 디저트를 먹으며 이야기하다 보니 3시간이 훌쩍 지났던 기억이 난다. 그렇게 기분 좋게 입주자들과 첫 만남을 가졌고 이후에도 서로 격려하고 카페도 같이 가는 가까운 사이가 되었다.

이 외에 운영자가 준비해야 할 대표적인 이벤트로는 생일파티와 퇴실하는 입주자들을 위한 송별회가 있다. 생일파티를 위해서는 입주자와 계약 시 생일을 미리 기록해두면 된다. 입주자는 생일을 챙겨준 운영자에게 큰 감동과 고마움을 느낄 것이다. 송별회는 환영회만큼 의미가 크다. 아무리 짧은 기간이라 해도 최소 몇 달을 함께 생활한 입주자와 헤어지면 빈 자리가 크게 느껴지기 마련이다. 따라서 퇴실하는 입주자에게 그 동안 함께 생활해준 것에 대한 감사한 마음을 담아 송별회를 열어주자. 송별회는 환영회보다 진솔하고 걸쭉하게 하는 것도 좋다. 함께 술 한잔하며 하고 싶었던 이야기도 하고 앞으로 어떤 일을 하든 응원하면서 보낸다면 운영자와 입주자 모두 잊지 못할 추억이 될 것이다.

평소 맛있는 음식이나 함께 사용하면 좋을 물건들을 종종 입주자들과 함께 나누는 것도 좋다. 가끔씩 밤에 입주자들과 함께 먹는 치맥은 정말 최고다. 작은 정성과 기쁨이 하나 둘 쌓이면 관계도 돈독해진다. 이렇게 운영자와 입주자가 훈훈한 관계가 되면 셰어하우스를 운영하면서 크고 작은 문제가 발생해도 서로 원만하게 해결할 가능성이 커지며, 운영자 입장에서도 보람과 행복을 느낄 수 있다.

21

함께 살아봐야
문제점이 보인다

함께 살지 않으면 절대 알 수 없는 것들

향후 셰어하우스를 운영하려는 사람이 "함께 꼭 살아봐야 하나요?"라고 묻는다면 나는 지체 없이 "그렇다"고 대답할 것이다. 물론 운영자가 직장인이거나 함께 생활하기 힘든 상황이라면 쉽지 않겠지만, 그렇더라도 최소 한 달은 일주일 중 하루만 머물더라도 입주자들과 함께 생활하기를 권한다. 특히 셰어하우스를 처음 운영하는 사람은 향후 성공적이고 지속적인 운영을 위해서라도 꼭 함께 생활해보기 바란다.

함께 지내보면 머리로만 알던 것과 현실이 다르다는 사실을 온몸으로 체감할 수 있다. 살아보지 않으면 몰랐을 불편한 부분, 이전엔 몰랐지만 문제가 될 부분을 확실히 발견할 수 있다. 바로 이 점이 중요하다. 운영하면서 겪는 불편 사항이 무엇인지, 예상되는 문제가 무엇인지 아는 것은 성공적인 셰어하우스 운영을 위한 지름길이다.

함께 살면서 발견하게 되는 대표적인 문제로 소음을 들 수 있다. 입주자들 간에 발생하는 집 내부 소음 이외에도 집 외부에서 발생하는 소음도 포함된다. 내부 소음으로는 문 여닫는 소리, 통화하는 소리, 잘 때 내는 소리 등을 들 수 있다. 입주자들은 저마다 다른 환경에서 살아왔기에 생활습관과 성격이 모두 다르다. 그래서 누구에겐 별 문제가 아닌 부분이 다른 누구에겐 크게 거슬리는 문제가 될 수 있다. 비록 작은 문제라 하더라도 계속 쌓이고 쌓이면 나중에는 크게 터지게 된다. 따라서 한 달에 한 번 정도 입주자들과 함께 모여 이야기하거나 단톡방 등을 통해 평소 불편한 점은 없는지 주기적으로 점검하는 노력을 해야 한다.

내가 운영하는 셰어하우스 2호점에서 이런 문제가 발생한 적이 있었다. 한 입주자가 평소 문을 쾅 여닫는 습관이 있어서 다른 입주자가 내게 불편을 호소했다. 이런 경우 처음에는 해당 입주자에게 직접 전달하기보다 간접적으로 전달하는 것이 좋다. 일례로 문 손잡이에 "문을 살짝 닫아주세요"라는 멘트를 코팅해서 붙인다. 그래도 개선되지 않는다면 해당 입주자에게 직접 이야기한다.

통화와 관련해 가장 문제되는 경우는 늦은 밤 통화이다. 자야 하는데 옆방에서 밤늦게까지 통화소리가 들리는 것만큼 짜증나는 일도 없다. 가끔씩 어쩔 수 없는 경우라면 몰라도, 큰 목소리로 자주 밤늦게 통화한다면 문제가 발생한다. 따라서 통화와 관련된 문제는 입주자 준수사항 수칙에 명확히 명시하여 입주자들이 인식할 수 있도록 한다. 밤 10시 이후 통화는 자제하도록 하는 등의 조항을 명시하는 것이다. 그래도 문제가 재발하면 해당 입주자에게 전달하고, 그렇게 해도 문제가 해결되지 않으면 다른 입주자들과 함께 모여 회의한다. 그렇게 해야 본인이 다른 입주자에게 큰 불편을 주고 있다는 사실을 인지하기 때문이다. 이 정도까지 가는 경우는 흔치 않지만 셰어하우스는 공동으로 생활하는 공간이므로 평소 다른 입주자들을 배려하는 자세가 꼭 필요하다.

셰어하우스 외부에서 발생하는 소음에도 여러 가지가 있다. 먼저 같은 건물에 있는 다른 집에서 발생하는 소음이 있다. 이웃집 거주자와의 층간 소음, 음주 후 고성방가 등이다. 층간 소음은 매우 민감한 문제이므로 지속적으로 층간 소음이 발생하면 운영자는 위층에 사는 거주자와 상의를 통해 문제를 해결하도록 노력해야 한다. 음주 소란도 간헐적인 경우라면 참고 넘어갈 수 있지만 지속적으로 발생한다면 층간 소음과 마찬가지로 직접 문제를 일으키는 거주자와 상의해서 해결하려 노력해야 한다.

셰어하우스를 운영하면서 발생하는 또 한 가지 문제는 흡연이다. 특히 흡연자와 비흡연자가 함께 거주하면 문제가 생긴다. 입주자의 흡연 여부를 알아보려면 계약 전에 단도직입적으로 물어보는 방법밖에 없다. 실제로 흡연과 관련된 문제는 가볍지 않기 때문에 흡연자를 받지 않는 셰어하우스도 있다. 따라서 흡연 문제를 어떻게 관리해야 할지 운영자는 신중히 고민해야 한다.

내 경우에도 흡연 때문에 문제가 생긴 적이 있다. 입주자가 담배를 피우고 실내에 들어오면 담배 냄새가 나기 때문에 비흡연자는 불쾌할 수밖에 없다. 그렇다고 남에게 담배를 끊으라고 할 수도 없는 일이다. 그래서 흡연 후 집안 창문을 열어 환기를 자주 시키고 담배 연기와 냄새가 집안에 들어오지 않게끔 가능한 집에서 먼 장소에서 흡연하도록 부탁했다. 그리고 나는 주변 커피숍에 가서 탈취효과가 우수하다는 커피가루를 가득 받아와서 큰 종이컵과 쟁반에 담아 입주자들이 탈취를 원하는 경우 하나씩 가져가도록 거실에 비치했다. 흡연하는 입주자가 생활하는 방 근처 냉장고 위에 쟁반에 담은 커피가루를 올려놓아 담배 냄새를 없애기 위해 노력했다. 이렇게 하면 담배 냄새도 잡을 수 있고 흡연자 입장에서는 약간의 부담감과 함께 미안한 생각도 들 것이다. 다행히 지금은 흡연 문제로 다른 입주자들이 크게 불편해 하는 일은 없다.

그 외에 셰어하우스에 직접 거주하면서 알게 된 대표적인 문제점은 청소이다. 청소는 셰어하우스의 전반적인 위생과 직결되기 때문에 관리에 특히 신경 써야 한다. 관리자가 함께 거주하지 않으면 평소 청소가 제대로 이루어지기는 힘든 편이다. 분명히 처음에는 분리수거를 하기로 동의했는데도 처음과 달리 시간이 지나면서 점점 분리수거를 미루게 된다. 청소 문제는 운영자가 직접 생활하지 않으면 관리가 어렵다. 따라서 운영자가 직접 관리하기 어려우면 방장을 두고 월세할인 등의 혜택을 주어 청소 등을 평소에 잘 관리할 수 있도록 하는 것도 좋다.

이 밖에도 함께 생활하면서 알게 되는 문제들은 많다. 운영하면서 겪은 문제점들이 발견되면 기록해두어 문제가 재발하지 않도록 해결방안을 마련하고 실천해야 한다.

혼자 관리하기 어렵다면 방장을 두자
—

여러 개의 셰어하우스를 운영자 본인이 혼자 다 관리하는 데는 한계가 있다. 그래서 셰어하우스의 수가 늘어나면 방장의 필요성이 커진다. 셰어하우스를 관리하는 방장은 어떤 기준으로 뽑으면 될까? 가장 민주적인 방식으로는 입주자들에게 전체 공고를 해서 원하는 사람을 뽑는 것이다. 만약 방장을 원하는 사람이 한 명이면 그를 방장으로 선출하면 된다. 그런데 방장을 원하는 사람이 여러 사람이라면 순서를 정해 돌아가면서 방장활동을 하게 해도 좋다. 한 사람에게만 혜택이 돌아갈 경우 다른 입주자들이 아쉬워할 수 있기 때문이다.

셰어하우스 관리를 잘할 것 같은 입주자와의 상의를 통해 방장을 정하는 방법도 있다. 보통 방장은 월세 할인 등의 혜택을 받으므로 다수의 입주자들이 방장을 원할 수 있다. 하지만 실제로 방장 역할을 제대로 수행하지 못하면 운영자 입장에서는 리스크를 안고 가는 것이다. 따라서 안정적인 관리를 최우선으로 한다면 믿음이 가는 입주자에게 개인적으로 부탁해서 방장을 맡기는 것도 좋다.

이렇게 선출된 방장에게는 월세 5만원 할인 등의 혜택을 주고 셰어하우스 관리 책임을 부여한다. 책임 범위는 구두보다 서면으로 명확하게 명시하는 것이 좋다. 예를 들어 분리수거는 쓰레기 배출 요일과 횟수를 명시한다. 화장실 청소도 청소 영역과 횟수를 명시한다. 그 외에도 셰어하우스에서 생활하면서 발생하는 불편 사항들도 운영자에게 고지하도록 한다. 그래야 운영자가 문제를 빨리 해결할 수 있다.

가족보다 가까운 입주자들, 처음 느낀 행복과 감동
—

내 삶은 셰어하우스를 운영하기 전과 후로 나뉜다고 해도 과언이 아니다. 셰어하우스를 운영하기 전 나는 많은 실패를 했으면서도 독립하고 싶은 욕망이 강한 사람이었다. 대학생 시절 시험준비를 4년 동안 했지만 매번 불합격하는 아픔을 겪었고, 이후에는 남들처럼 평범하게 직장생활을 한 경험도 있지만 마음 한 켠이 항상 공허했다. 시간은 계속 가는데 공허함은 채워지지 않았다. 분명히 열심히 살았고 힘들어도 잘하고 있다고 자신을 다독였지만 그 감정은 쉽게 사라지지 않았고, 나는 답을 찾기 위해 훌쩍 네팔 히말라야로 여행을 떠났다. 첫 해외여행이었다.

설렘과 공허함이 뒤섞인 복잡한 마음을 가지고 히말라야 트래킹을 시작했다. 여행 전에 여행 책자를 꼼꼼하게 읽지도 못했다. 장소와 교통수단 정도만 숙지하고 훌쩍 떠난 여행이었다. 처음에는 기운차게 시작했지만 중간 지점부터 힘에 부치기 시작했다. 결국 2박 3일을 오른 끝에 푼힐 전망대에 도착했다. 그곳에서 바라본 히말라야 산맥의 모습은 정말 장엄하고 그림 같았다. 기대만큼 감동이 크지는 않았지만 눈앞에 펼쳐진 안나푸르나를 보는 순간 마음이 먹먹해졌다. 그리고 나도 모르게 기도했다. '뭐가 뭔지도 모르겠고 앞으로 무슨 일이 생길지도 모르겠다. 그냥 지금 나는 기운이 없다. 앞으로 어떤 일이 있더라도 헤쳐나갈 수 있는 용기와 지혜를 줬으면 좋겠다.' 그렇게 여러 번 진심 어린 기도를 하고 히말라야 트래킹을 마쳤다. 이후 네팔여행은 지치고 힘들 때 떠오르는 든든한 기억으로 자리 잡았다.

여행을 마치고 3년 후 나는 셰어하우스 운영을 시작했다. 처음에는 셰어하우스를 계획하지 않았다. 당시 상황이 생각했던 방향과 달라 고민했고 용기를 내어 도전했을 뿐이다. 당연히 쉽지 않았다. 주변에서는 기대보다 걱정 어린 눈빛을 보냈고 예상치 못한 일들의 연속이어서 외롭고 힘들었다. 하지만 그래도 나 자신에 대한 믿음을 놓지 않았다. 그렇게 꿋꿋하게 생각한 것을 실천했고 현재 홍대에 3개, 강남에 1개, 총 4개의 셰어하우스를 성공적으로 운영하고 있다. 하지만 단지 내가 잘나서, 내가 잘해서라고 생각하지 않는다. 셰어하우스가 성공적으로 운영될 수 있었던 것은 입주자들 덕분이라고 진심으로 생각한다. 불편한 일이 있어도 배려해주고 따뜻한 마음을 나눠준 입주자들 덕분에 오히려 내가 미안한 적도 많았다. 더 잘해주고 싶고 더 좋은 집에서 머물게 해드리고 싶은데 아직 부족해 죄송한 마음이 들 때도 있다.

현재 나는 입주자들과 함께 셰어하우스에 거주하고 있다. 처음에 잘 모르고 셰어하우스를 하기로 마음먹었고 그 과정에서 마음고생도 많았다. 상처도 많이 받았고 사랑했던 사람들과 다투고 멀어지기도 했다. 마음이 다쳤을 땐 아무것도 할 수 없겠다는 생각이 들었다. 눈물도 많이 흘렸다. 그때 버틸 수 있었던 원동력은 함께 생활하던 입주자들이었다. 마음이 슬프고 힘들 때 혼자였으면 분명 버티기 힘들었을 것이다. 힘들 때 혼자라면 긍정적인 생각보다는 부정적인 생각이 많이 들기 때문이다. 그런데 함께 거주하면서 힘들었던 것들을 입주자들에게 터놓고 이야기하니 마음이 조금은 가벼워졌다. 그들은 진심으로 나를 응원했고 조언해주었다. 안 좋은 생각이 들 때는 함께 집에 모여 맛있는 음식을 해먹고 이야기했다. 지금도 나는 그들에게 진심으로 감사한다. 입주자들이 힘들 때는 나도 고민을 들어

주고 조언해준다. 그렇게 우리는 함께했고 지금도 든든한 존재로 함께하고 있다.

　나는 셰어하우스를 운영하면서 결과에 집착하지 않는 법을 배웠다. 실패를 원하는 사람은 없다. 그러나 결과에만 집중하면 힘든 일이 생겼을 때 불안과 초조함이 커진다. 그러면 스트레스만 쌓이고 활동 과정에서 보람을 느끼기 어렵다. 따라서 문제가 발생하면 최선을 다해서 하는 데까지 하고 결과는 있는 그대로 받아들이겠다는 마음을 가지는 것이 좋다. 이런 마음이 되면 힘들었던 일들은 특별한 교훈으로 다가오고 감정에 동요되지 않게 되어 문제를 잘 해결할 가능성이 높아진다. 셰어하우스는 나에게 축복이고 희망이다. 지금도 그리고 앞으로도 나는 지속 가능한 셰어하우스를 만들기 위해 최선을 다할 것이다.

22

이제는 스마트 컨슈머 시대!
진심과 품질로 승부하라

내 생각은 중요하지 않다.
세상이 원하는 것을 제공할 때 부와 행복이 찾아온다

—

처음 셰어하우스를 시작했을 때만 해도 나는 그저 생각한 것을 시도하는 데 의미를 두었다. 구체적으로 무엇을 어떻게 해야 할지도 잘 몰랐고 모든 것이 서툴렀다. 사실 운영 초기에만 해도 셰어하우스가 사업이라는 생각을 깊게 하지 않았다. 하지만 홍대 1호점 이후로 2호점, 3호점 그리고 강남 4호점을 오픈하면서 자연스럽게 현재 내가 하는 셰어하우스가 사업이라고 생각하게 되었다. 즉 셰어하우스 운영을 성공적으로 하려면 사업가 마인드가 필요하다.

사업가가 갖춰야 할 자질에는 기회를 포착하는 능력, 생각한 바를 실행하는 추진력, 위기를 극복할 수 있는 위기관리 능력 등이 있다. 하지만 가장 중요한 마인드는 셰어하우스에 거주하는 입주자들 삶의 질이 나아지도록 하려는 진심이라고 생각한다. 아무리 지식과 실행력이 뛰어나도 입주자들의 삶이 나아지길 바라는 진심이 없다면 운영 중 발생하는 문제들을 적극 해결하기 어렵다. 문제가 쌓이고 풀리지 않으면 운영자 입장에서 보람보다는 괴로움과 피곤만 남을 뿐이다. 결국 셰어하우스 운영 자체가 힘들어질 수밖에 없다.

　셰어하우스 운영은 어떤 면에서는 쉽지만 어려운 부분도 분명 있다. 사람을 상대하는 서비스 분야이기 때문이다. 게다가 직장 다음으로 가장 많은 시간을 보내는 집을 관리한다. 집은 개인의 일상과 함께하는 공간이기 때문에 관리할 부분이 많다. 평소 자기 방 정리도 어려워하고 규칙적인 생활 리듬을 가지지 않은 사람들은 관리가 힘들 수 있다. 하지만 이 정도는 충분히 극복 가능하다. 혼자서 다 하려 하면 뭐든 힘들다. 본인이 관리하기 힘든 부분이 있다면 방법을 찾아 아웃소싱을 하거나 입주자들과 역할을 분담하면 된다. 따라서 셰어하우스 운영에 대해 처음부터 지나치게 걱정할 필요는 없다.

　대부분의 사람들은 각자 고유한 경험과 지식의 틀이 있어서 자기도 모르는 사이에 본인만의 기준으로 판단해 많은 일들을 처리한다. 하지만 지속 가능한 셰어하우스 운영을 위해서는 여기서 생각을 멈춰서는 안 된다. 즉 운영자 본인은 가장 합당하고 맞는 방향이라고 판단하더라도 다른 한편으로는 지금 입주자가 무엇을 원하는지 정확히 알려고 노력해야 한다. 거시적으로는 셰어하우스 시장이 어떻게 변해가고 있는지 트렌드를 알아가는 노력이 필요하다. 단순히 미래를 예측하라는 이야기가 아니다. 지금 현재 일어나는 문제점들을 정확하게 파악하고 해결하려는 자세만 있어도 좋다. 이렇게만 해도 운영과정에서 발생한 문제점과 해결과정이 데이터화되면서 미래에 셰어하우스를 성공적으로 운영할 가능성이 커진다.

진정한 사업가는 세상이 필요로 하는 것을 제공하고 그에 대한 가치를 지속적으로 창출하는 사람이라고 생각한다. 즉 세상이 필요로 하는 것을 제공함으로써 삶을 이롭게 하는 데 기여하는 활동이 진정한 사업이라고 생각한다. 특히 셰어하우스 분야는 개인 삶의 만족도에 가장 큰 영향을 미치는 집과 관련되어 있다. 그래서 어떤 분야보다 입주자인 고객의 니즈에 민감해야 하고 지속적인 관리가 필요하다. 셰어하우스 운영자는 이 점을 잊지 말아야 한다.

문제가 발생하면 즉시 해결하라
—

모든 일이 마찬가지겠지만 셰어하우스도 운영하다 보면 크고 작은 문제에 봉착하게 된다. 만약 운영하면서 힘든 일이 거의 없다면 입주자들에게 감사하는 마음을 가져야 한다. 운영이 지속적으로 평화

롭다는 것은 그만큼 입주자들 입장에서도 감수하고 배려하는 부분이 분명히 존재한다는 의미이다. 지금까지는 별 문제없이 잘 운영되고 있다고 해도 앞일은 모른다. 따라서 평상시 문제가 없다고 해서 지금 상황을 당연하게 여기거나 관리를 소홀히 하지 말아야 한다.

셰어하우스 운영을 하면서 발생하는 문제는 단지 입주자들과 관련해서만 생기는 것은 아니다. 전혀 예상치 못했던 변수들로 인해 문제가 발생하기도 한다. 내가 운영하는 셰어하우스에서 일어났던 일이다. 눈이 많이 오던 추운 겨울, 평소처럼 외출 후 돌아오는 길이었다. 집에 들어선 순간 현관 앞에 원인 모를 물이 차 있었다. 처음에는 많이 내린 눈이 녹아서 반지하에 스며든 물일 거라고 대수롭지 않게 여겼는데 시간이 지나면서 점점 더 차올랐고 나중에는 물을 퍼내지 않으면 집안으로 물이 들어올 정도였다.

당황한 나는 원인이 무엇일까 생각했다. 그리고 불현듯 한 달여 전 했던 수도계량기 분리공사가 생각났다. 집 근처 땅을 다 파내고 진행하는 대규모 공사였다. 아무리 생각해도 변수는 그것밖에 없어서 수도공사 업체에 연락해서 원인 파악을 강력하게 요구했고 결국 원인을 알 수 있었다. 공사 당시 지하 수로 이음새 부분 마감이 제대로 되지 않아 공사 이후 한 달 동안 지하에 물이 스며들었던 것이다. 결국 업체 측에서 땅을 다시 파고 재공사에 들어갔다. 그 추운 겨울에 나는 약 6시간 동안 이루어진 공사현장에서 작업자들과 함께 있었다. 현장에 있어야 공사가 제대로 진행되는지 파악할 수 있기 때문이다. 그들에게 따뜻한 음료와 식사도 제공하면서 그렇게 추위 속에서 6시간을 버틴 결과 공사를 잘 마무리할 수 있었다.

지금은 다행히 물이 차오르지 않지만 한동안 기존에 차오르는 물을 퍼내느라 매일 아침 힘든 시간을 보냈다. 덕분에 겨울에 일찍 일어날 수 있었고 체력을 키울 수 있었다. 지금은 문제가 해결되어 좋은 추억이 되었지만 그 당시에는 정말 힘들었다. 누구라도 누수가 있는 집에 거주하기를 원치 않는다. 문제를 해결할 수 있었던 이유는 입주자들의 배려가 가장 큰 역할을 했다고 생각한다. 지금도 그분들에게 정말 죄송스럽고 감사하게 생각한다. 만약 걱정에 휩싸여서 손 놓고 아무것도 하지 않았다면 아마 셰어하우스 운영을 포기했을지도 모른다. 이렇듯 운영하면서 예상치 못한 문제가 발생할 때는 스트레스만 받지 말고 반드시 원인을 추적해서 즉시 해결하는 실천력을 가져야 한다. 셰어하우스 운영자는 집을 지키는 수호신 역할을 해야 한다. 그래야 입주자들도 운영자를 신뢰하고 셰어하우스에 거주할 수 있다.

외부변수로 인한 문제 이외에 입주자들과 관련해 발생하는 문제들은 대부분 입주 초기에 해결하려고 노력해야 한다. 특히 셰어하우스에 처음 입주하는 입주자들은 처음 하는 생활에 경계심과 불안을 갖기 마련이다. 그래서 편안함을 느끼기보다 예민해지고 따라서 운영자에게 요구하는 사항이 많을 수 있다. 운영자 입장에서는 이런 경우 다소 기분이 안 좋을 수 있지만 가급적 요구하는 부분은 조금씩 맞춰주도록 노력해야 한다. 처음에는 세세한 사항까지 요구해서 운영자 입장에서 힘들 수 있지만 새로 입주한 입주자와 신뢰를 쌓는 과정이 필요하기 때문에 맞춰주는 모습을 보여야 한다. 이렇게 하나하나 신뢰가 쌓이면 다소 요구사항이 많던 입주자들도 마음을 열기 시작하고 나중에는 운영자에게 미안함을 느끼고 고마워하게 된다. 셰어하우스 운영자는 평정심을 유지하고 무리하지 않는 선에서 입주자들의 요구사항을 잘 듣고 해결해 주려는 자세를 지녀야 한다.

23

무작정 기대지도 말고
혼자 다하려고 하지도 말라

나만의 업체 리스트를 만들라

셰어하우스 운영을 시작하면서 대부분의 운영자들이 많은 고민과 시행착오를 겪었을 것이다. 특히 셰어하우스 운영 초기 인테리어 과정은 분명 보람된 일이기도 하지만 생각보다 고된 일이기도 하다. 비용절감을 위해 인테리어 작업을 나눠서 의뢰할 때는 어떻게 해야할지 막막한 경우가 많다. 대부분 지인의 소개로 시작하거나 인터넷 검색 등을 통해 인테리어 작업자에게 의뢰하지만, 직접 시공과정과 결과를 확인하기 전까진 정말 성실하고 실력 있는지 알기 어렵다. 따라서 셰어하우스 운영자들은 처음에는 다소 시행착오를 겪을 각

오를 하고 배운다는 자세로 임하는 것이 좋다.

그렇게 여러 업체와 작업자들을 만나서 작업하고 나면 어떤 사람이 능력 있고 성실한지 파악할 수 있는 데이터가 쌓인다. 이 과정에서 정말 마음에 드는 작업자 분들을 만났다면 반드시 명함을 받아두고 잘 보관한다. 명함을 수집하고 기록해두지 않으면 나중에 문제가 발생하거나 다른 곳에서 인테리어를 진행할 때 업체를 다시 알아봐야 하는 번거로움이 발생할 수 있다. 나도 그 동안 만났던 수많은 업체와 작업자들의 명함을 받아두고 기록, 관리하고 있다. 인테리어 시공 이후에도 소소한 불편이나 문제가 발생했을 때 친절하고 마무리를 잘해주신 작업자에게 연락하면 대부분 신속하게 문제가 해결된다. 처음에는 막막해 보였던 운영도 든든한 전문가들을 알게 되니 잘 해결되었다.

동네 주민과 친해지라
—

사실 셰어하우스 운영 초반에는 집 주변 세대에 사는 분들과의 관계를 깊이 생각해본 적이 없었다. 내가 먼저 문제를 일으키지 않으면 크게 문제될 일은 없을 거라고 단순히 생각했지만 현실은 늘 생각과 다르기 마련이다.

셰어하우스를 운영하는 지인이 침대 및 가구를 들여놓는 중에 얼굴도 모르는 이웃집 주민에게 황당한 이야기를 들었다고 한다. 옆집 사람이 와서는 집안을 두리번거리더니 "무슨 집에 이렇게 사람을 많이 받느냐?"며 핀잔을 줬다는 것이다. 나이 드신 분이라 별 말을 하지 않고 적당히 넘어갔지만 이후에도 계속 주시하며 눈치를 줘서 신경이 많이 쓰였다고 한다. 일종의 기 싸움일 수도 있고 여러 명의 임차인을 받는다는 것을 알고 질투를 느꼈을 수도 있다. 이런 경우 이웃주민의 태도도 셰어하우스를 운영하는 데 고려해야 할 변수가 된다.

이런 일이 흔하지는 않지만 세상은 넓고 사람의 성격도 다양하다. 따라서 언제든 이런 일이 생길 수 있다. 이럴 때 운영자는 어떻게 대처해야 할까? 초반에는 항의하는 주민에게 이성적이면서도 우호적인 태도를 보여주는 것이 가장 좋은 방법이다. 이웃의 태도에 불쾌감을 드러낸다면 향후에도 불편한 관계는 지속된다. 불편한 감정 대신 지인들과 함께 일하고 사는 집이라고 이야기하면 상대방 입장에서 예민하게 반응할 가능성은 줄어든다. 분위기가 조금씩 나아지는 것 같으면 모르는 것을 그 이웃에게 물어보는 등 적극 다가가는 방법도 좋다. 그 과정에서 닫혔던 문이 조금씩 열리는 경험을 할 수 있다.

모든 일은 혼자서만 진행할 수 없다. 아무리 나 혼자 노력해도 이웃주민 사례처럼 내 의지와 상관없는 변수가 생기기도 한다. 따라서 평소 일어날 수 있는 일들을 인지하고 대비한다면 문제해결에 도움이 된다. 어제의 적을 내일의 든든한 동지로 만들자.

모르면 당장 물어보라. 답은 반드시 있다
—

스스로 처리할 수 있는 지식과 활동에는 한계가 있다. 혼자 해결하기 어려운 일을 만나면 보통 우리는 '잠깐 멈춤' 상태가 된다. 스트레스가 몰려오면 그 상황을 회피하고 싶어진다. 하지만 셰어하우스 운영자는 그래서는 안 된다. 회피할수록 문제는 더 커지고 결국 수습하기 어려운 상황에 몰릴 수도 있다.

　본인에게 닥친 문제가 버겁게 느껴지더라도 포기하지 않으면 해답은 반드시 있다. 운영 중 법률과 관련된 문제가 발생하면 대한법률구조공단 무료 법률상담을 이용한다. 집과 관련해 간단한 장치나 조명 등을 설치할 때는 굳이 큰 업체를 찾을 필요 없이 집과 가까운 철물점에 가서 주인과 상담한다. 약간의 비용을 지불하면 웬만한 문제들은 충분히 해결 가능하다. 대부분의 문제는 인터넷 검색으로 해결책이 나온다. 중요한 것은 실천력이다. 따라서 문제가 어렵고 힘들게 느껴지더라도 좌절하지 말고 용기를 내어 해결방법을 찾아 꾸준히 실천하자. 초반에는 어설펐지만 시간이 지나면서 문제해결 속도와 노하우가 증가하는 것을 느낄 수 있다.

24

더 이상 블루오션은 없다!
이제는 퍼플오션 시대

내가 알면 남들도 아는 시대, 더 이상 블루오션은 없다

—

몇 년 전까지만 해도 셰어하우스는 생소한 개념이었지만 지금은 분위기가 많이 바뀌었다. 예전엔 많은 사람들이 게스트하우스는 알아도 셰어하우스는 "그게 뭐냐?"고 되물었다.

홍대 1호점은 인테리어를 마치고 모집공고를 하자 하루 만에 연락이 왔다. 그만큼 셰어하우스 수요는 많은데 널리 알려지지 않아 공급이 수요를 따라가지 못했다. 내가 운영한 홍대 1호점은 2주 만에 만실이 되었다. 2호점 역시 한 달 이내에 입주가 완료되었지만 3호점은 더 오래 걸렸다. 성수기와 비성수기의 영향도 있지만 '피터

팬의 좋은방 구하기' 등 셰어하우스 입주자 모집 게시판 글의 수를 보면 작년과는 달리 많이 늘었고 다들 인테리어도 많이 세련되어졌다. 그만큼 셰어하우스 시장에 매력을 느끼고 진입한 개인업체와 기업이 많다는 것이다.

컴앤스테이에 따르면 현재 기업형 셰어하우스는 2013년 114개에서 2016년 974개로 3년 만에 약 750%나 증가했다. 즉 3년 만에 시장이 7배 이상 성장한 것이다. 불과 2~3년 전만 해도 셰어하우스 시장은 블루오션이었지만 지금은 아니다. 이제는 점차 레드오션으로 진입하는 단계이다.

하지만 셰어하우스 시장이 단순히 레드오션화 될 것이라고 생각하지는 않는다. 경쟁자가 많아지고 있는 것은 사실이지만 분명한 점은 부동산 임대시장에서 셰어하우스만큼 매력적인 수익률과 사회 기여도가 큰 결과를 낳는 분야는 거의 없다. 즉 치열해지는 경쟁 속에서 레드오션의 물결에 휩쓸리지 않아야 한다는 것이다.

레드오션이 아닌 퍼플오션을 지향할 필요가 있다. 치열한 경쟁시장인 레드오션과 경쟁자가 없는 시장인 블루오션을 조합한 퍼플오션은, 레드오션 상황에 직면했을 때 발상의 전환 등을 통해 새로운 가치의 시장을 만드는 전략이다. 지금은 무한경쟁 시대이다. 모든 정보는 오픈되고 끊임없이 공유된다. 내가 아는 것은 남들도 안다. 더는 경쟁을 피할 수 없다. 그러므로 단순히 경쟁을 피하려고 하기보다 지금 상황에서의 차별화 포인트를 찾아 현 상황을 진화시켜야 한다. 그래야 지속 가능한 셰어하우스 운영이 가능하다.

나만의 무기를 만들고 차별화하라
—

지속 가능한 셰어하우스 운영을 위한 차별화 포인트는 무엇이 있을까?

모집 대상별 특징 및 차별화 방안

보통 셰어하우스의 모집대상은 여성전용, 남성전용, 남성과 여성 혼용으로 이루어지는 편이다. 남성보다 여성이 셰어하우스를 찾는 경우가 많지만 요즘은 남성들도 셰어하우스를 많이 찾는다. 내가 여성전용 셰어하우스 모집공고를 냈을 때, 분명 여성전용이라고 명시했는데도 남성들의 문의가 빗발쳤다. 심지어는 그냥 같이 살면 안 되느냐고, 지금 방이 없다며 간청하는 남성들의 전화도 여러 번 받았다. 그만큼 남성 셰어하우스 수요도 상당히 많으니 남성전용 셰어하우스도 경쟁력이 있다고 본다.

셰어하우스 모집대상 차별화는 어떻게 해야 할까? 우선 셰어하우스를 꼭 필요로 할 만한 수요층을 파악해야 한다. 새로운 모집대상을 개척하고 싶다면 개인적으로 외국인, 실버세대, 돌싱들을 위한 셰어하우스도 괜찮다고 생각한다.

외국인 모집

국내에서는 주로 에어비앤비를 통해 외국인들의 숙박을 제공하고 있다. 셰어하우스도 외국인들을 입주자로 모집할 수 있다. 최근 한국을 찾는 외국인들이 증가하면서 국내 거주를 희망하는 외국인의 수도 크게 증가하고 있다.

2017년 4월 법무부 출입국 외국인 정책본부에서 발표한 통계자료를 보면 지난 10년간 국내 체류 외국인 수는 107만 여명에서 203만 여명으로 약 2배 가까이 증가했다.

외국인 입주자를 모집하려면 어디에 홍보하면 좋을까? 국내 입주자와 달리 외국인 입주자들은 국내에서 운영되는 카페나 어플 등으로는 쉽지 않다. 대신 외국인 입주자를 모집하는 대표적인 사이트로

최근 10년간 체류 외국인 증감 추이   (단위 : 만명)

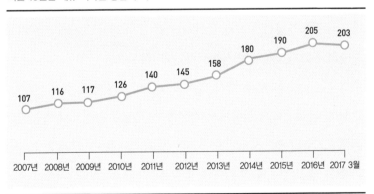

출처 : 통계청

www.craiglist.co.kr

'크레이그리스트'가 있다.

크레이그리스트는 미국의 지역 생활정보 사이트에서 시작돼 전 세계 약 80여개국에 서비스되고 있는 온라인 벼룩시장이다. 주택에서부터 잡동사니까지 모든 물건과 구인, 구직까지도 거래되는 미국 최대의 온라인 생활정보 사이트다. 셰어하우스를 운영한 지 얼마 안 되던 시절, 외국인들과 함께 영어회화 수업에 참여한 적이 있었다. 그때 한 외국인에게 한국에서 지낼 집을 어떻게 구하느냐고 물어봤는데, 그가 말해준 사이트가 '크레이그리스트'였다. 그리고 외국인과 함께 생활하는 셰어하우스를 찾는 대학생들도 많다. 외국어 실력을 제고할 수 있고 다른 나라의 문화를 접하고 싶은 호기심 때문이다. 앞서 소개한 컴앤스테이, 보더리스하우스, 우주 등에서도 외국인 입주자와 함께 생활하는 경우가 있다. 따라서 외국인과 한국인이 함께 거주하는 셰어하우스도 경쟁력을 가질 수 있다.

실버 세대를 위한 셰어하우스

100세시대라는 말이 점차 현실화되고 있다. 다가오는 미래, 실버 계층은 점점 증가할 것이다. 실제로 서울 시내 독거노인은 2011년 21만 1000명, 2012년 23만 8000명, 2013년 25만 3000명으로 급증하는 추세이다. 이런 상황에 발 맞추어 혼자 사는 노인들을 대상으로 하는 리츠 등을 통한 셰어하우스 투자사업이 진행되고 있다. 한국도 초고령사회에 진입하면 일본처럼 노인들을 위한 실버 산업의 일환으로 노인전용 셰어하우스 사업이 활발해질 날이 올지 모른다. 장기적으로 은퇴 이후 노년층의 건강한 삶을 위한 셰어하우스 운영은 미래에 좋은 투자가 될 수 있다.

싱글족, 돌싱족을 위한 셰어하우스

최근 인구구성 변화에 따라 혼자 사는 싱글족이 크게 증가하고 있다. 경제문제 및 교육환경과 연관된 기러기 가족의 증가, 결혼은 더는 필수가 아닌 선택이 된 젊은 세대의 비혼 증가, 결혼했어도 제2

의 인생을 새로 시작하고자 하는 졸혼족의 별거, 이혼의 증가, 고령화에 따른 독신노인 증가 등이 그 원인이다.

특히 골드미스 등으로 불리는 뛰어난 구매력을 갖춘 싱글슈머(Single + Consumer)의 증가가 눈에 띈다. 부동산 시장은 대표적 1인가구인 이들을 주목한다. 특히 싱글족 중에서도 자신이 원하는 것을 과감히 구매하는 '포미(For me)' 족이 증가하고 있다. 이들은 충분한 경제력을 지니고 있어 가치 있다고 판단하면 과감하게 투자하는 성향이 있다. 따라서 이들을 위한 럭셔리하고 쾌적한 콘셉트의 셰어하우스를 운영하는 것도 충분히 경쟁력 있을 거라 생각한다.

돌싱족을 위한 셰어하우스도 전망이 좋다. 과거에 비해 이혼율이 크게 높아졌고, 이혼 이후의 삶을 더욱 특별하고 행복하게 보낼 수 있는 분위기의 셰어하우스를 운영한다면 경쟁력이 높을 것이다.

식사 및 청소서비스 및 차별화된 옵션 제공

최근 1년 사이 셰어하우스가 급증하면서 각종 서비스를 제공하는 셰어하우스들이 늘고 있다. 대표적으로 식사제공, 청소 서비스 등이 있다.

식사제공 서비스 유형에는 여러 가지가 있다. 가장 기본 유형은 쌀과 라면 및 물을 제공하는 것이다. 셰어하우스를 주로 이용하는 2030세대는 대부분 학생이나 직장인이다. 개인마다 생활패턴이 모두 다르고 집안에 머물러 있는 시간보다 외부에서 활동하는 시간이 많아서 아침, 점심, 저녁식사를 모두 집에서 해결하는 경우는 드물다. 실제로 내가 운영하는 셰어하우스 입주자들도 집에서는 취사를 자주 하지 않고 대부분 각자 주변 식당이나 편의점에서 간단하게 해결한다. 따라서 쌀과 라면 및 정수기 등을 설치해 물을 제공하면 입주자들은 언제든 편하게 식사할 수 있다. 이런 기본식사 서비스는 현재 많은 셰어하우스에서 제공 중이다.

식사제공 서비스는 어떻게 차별화할 수 있을까? 대표적으로 입주자들이 월 3만원 정도를 추가할 경우 반찬 서비스를 제공한다. 요즘 젊은 세대들은 끼니를 제때 챙겨먹지 않아 영양균형이 깨지는 경우가 많다. 따라서 건강한 밥과 반찬을 섭취하도록 셰어하우스 운영자가 부가서비스를 통해 반찬을 제공하는 것도 좋은 운영방법이다.

청소 서비스는 사실 운영방식에 따라 여러 유형으로 나뉜다. 가장 기본적인 청소 서비스는 분리수거 및 욕실 등 공용공간 청소이다. 대개 소규모로 셰어하우스를 운영하면 운영자가 직접 청소 서비스를 하는 편이다. 특히 화장실은 여러 명이 사용하기 때문에 쉽게 더러워지므로 최소 일주일에 한 번은 욕실세정제 등을 사용해 깨끗하게 관리하는 것이 중요하다. 특히 여성전용 셰어하우스는 배수구가 막히지 않도록 배관 청소액을 주기적으로 사용해 관리해야 한다.

청소서비스 차별화로는 이불 및 침대커버 세탁 서비스가 있다. 침대커버 세탁도 기본 서비스에 넣어 운영하기도 하지만 침구류는 부피도 크고 입주자들의 동의를 얻어 진행해야 하므로 지속적으로 관리하기는 힘들다. 따라서 입주자들이 한 달 1만원 정도를 납부하면 부가서비스로 침구류 세탁 서비스를 제공한다. 입주자들은 저렴한 비용으로 쾌적하게 생활할 수 있고 운영자 입장에서도 추가비용을 받고 한 달에 한 번 침구류 세탁 서비스를 제공하면 되니 큰 부담은 없다.

이런 기본적인 서비스 외에 본인이 운영하는 셰어하우스를 차별화할 만한 특별 서비스는 무엇이 있을까? 이에 대한 해답을 찾으려면 셰어하우스를 주로 이용하는 2030세대들이 가장 필요로 하는 것이 무엇인지 파악해야 한다. 그리고 입주자들의 직업과 성향을 알아야 한다.

일반적으로 학생 입주자들의 주된 관심사는 일자리와 취미생활이기 때문에 이 점을 염두에 두고 차별화된 서비스를 제공할 수 있다. 대표적으로 아르바이트 및 취업세미나에 연결하는 서비스를 들수 있다. 함께 모여 도움의 손길이 필요한 곳에서 봉사활동을 하는 것도 좋은 방법이다.

직장인 입주자들이라면 의미 있는 취미활동을 함께하는 서비스를 제공하는 것이 좋다. 함께 영화를 보거나 음악활동을 하거나 기타 공통 관심사항을 함께 경험하는 서비스를 제공하는 것이다. 굳이 거창할 필요는 없다. 한 달에 한 번 근처 공원을 산책하거나 맛집 탐방을 하는 것도 좋다. 결국 운영자는 입주자들의 성향과 주변 환경을 잘 고려해야 한다. 거기서 차별화 포인트가 나오기 때문이다.

앞서 제시한 기본 식사와 청소 서비스만 확실하게 제공해도 입주자들에게 어느 정도 만족감을 준다. 젊은 입주자들은 집에서 머물 때는 아무 제약 없이 편하게 쉬는 것을 선호하는 편이다. 따라서 잦은 모임과 서비스 제공은 입주자들 입장에서는 오히려 불편할 수 있다. 운영자 입장에서도 소규모로 셰어하우스를 운영하면서 여러 서비스를 제공하는 것은 자칫 배보다 배꼽이 더 큰 상황이 될 수 있다. 셰어하우스 상황과 입주자들의 니즈와 성향을 잘 분석해 제공할 서비스를 신중히 선택하자.

입주자 인원수는 어떻게?

모집광고를 살펴보면 여러 유형의 셰어하우스를 볼 수 있다. 특히 가장 눈에 띄는 것이 모집하는 입주자 인원수이다. 이는 셰어하우스의 평수, 기대수익률 등에 따라 달라진다.

일반적으로 방이 세 개인 집을 셰어하우스로 운영할 때 큰방은 2인실, 작은방은 1인실로 운영한다. 수익률 면에서는 여러 명의 입주자를 받는 것보다 떨어지지만 입주자들에게 쾌적한 환경을 제공할 수 있고 운영자 입장에서도 관리가 편하다.

5평 남짓한 작은 방에 무려 6명의 입주자를 모집하는 광고도 있었다. 나는 그렇게 운영한 적이 없어서 잘 모르지만, 입주자들 입장에서 장기적으로 거주하기에는 불편한 점이 많을 것이다. 무엇이 낫다고 함부로 단언할 순 없지만 개인적으로 지나치게 입주자를 많이 받는 것은 선호하지 않는다.

입주자를 소수로 정하면 입주자들 간 분쟁이 발생할 가능성은 다수를 받는 것보다 적어지고, 장기 거주할 확률이 높아진다. 여러 명의 입주자를 받는 셰어하우스는 대부분 단기 거주자인 경우가 많기 때문에 운영자 입장에서는 지속적으로 입주자 모집광고를 해야 하는 불편함이 있다. 그리고 여러 명이 살다 보면 아무래도 입주자들 간 충돌이 발생활 확률도 높아진다. 하지만 공실이 거의 없이 운영된다면 수익률 면에서는 가장 만족도가 높을 것이다.

25

앞으로 5년,
셰어하우스의 미래는?

셰어하우스 과연 언제까지 지속될까?
—

향후 셰어하우스가 지속적인 성장을 하는 데 큰 영향을 미치는 요인으로는 1인가구의 증가와 부동산 시장의 공유경제 활성화가 있다. 이 두 요인과 셰어하우스의 상관관계를 살펴보고 향후 셰어하우스 전망에 대한 나의 견해를 밝히고자 한다.

통계청에 따르면 2015년 기준 1인가구 수는 520만 3000으로 전체 가구의 27.2%를 차지한다. 1990년 102만 1000가구에 비해 25년 사이 약 5배가 늘어난 수치다. 오는 2035년에는 763만 가구, 즉 전체 가구의 34.3%를 차지할 것으로 전망된다.

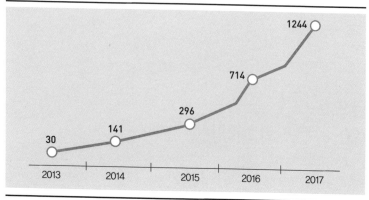

출처 : 컴앤스테이

    대표적인 셰어하우스 플랫폼 '컴앤스테이'에 따르면 우주, 함께 꿈꾸는 마을 등 대형 셰어하우스 운영업체가 운영하는 셰어하우스 수는 2013년 114개에서 2016년 974개로 3년 만에 7배 증가했다(이는 컴앤스테이에 등록된 침대 수를 기준으로 한 결과이다).

    그렇다면 앞으로의 셰어하우스 시장은 어떨까? 향후 5년 동안 셰어하우스 시장은 성장세를 유지할 것이고 경쟁은 매년 치열해질 것이다. 현재 부동산 시장의 집값은 상승세를 유지하고 있고 높아진 전세와 월세에 세입자들은 내 집 마련은 물론 전세거주도 어려운 상황이다. 따라서 이런 분위기가 바뀌지 않는 한 낮은 보증금과 월세를 선호하는 사람들의 수요는 쉽게 줄지 않을 것이다.

    위 그래프는 2017년 3월 컴앤스테이에서 조사한 셰어하우스 증가 추이다. 2013년 이후로 2017년까지 꾸준히 증가 추세이다. 특히

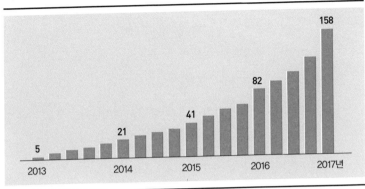

셰어하우스 증가 추이 (단위 : 개)

158

82

41

21

5

2013   2014   2015   2016   2017년

출처 : 컴앤스테이

2016년부터 2017년 사이 셰어하우스의 수가 급증했다. 2017년 셰어하우스 수가 158개로 조사되었지만 최근 개인이 운영하는 셰어하우스 업체까지 전부 합하면 약 566개 정도로 추산된다. 이 추세는 향후 5년 동안 유지될 것이다. 단, 그 이후에는 기존보다 진화된 시스템으로 운영되어야 지속 가능성이 있을 것이다.

이미 시작된 가격경쟁 스마트한 생존전략

—

카페 등에 셰어하우스 입주자 모집 공고를 올릴 때마다 점점 더 많은 셰어하우스 업체가 생기는 현상을 목격한다. 단순히 셰어하우스의 개수만 많아진 것이 아니라 이전과 달리 세련되고 아름다운 인테리어로 눈길을 사로잡는 셰어하우스들이 많아졌다. 이제는 막연하고 소극적으로 셰어하우스를 운영해서는 생존이 어렵다. 소극적인 자세에서 벗어나 적극적인 자세로 성공적인 셰어하우스 운영을 위한 전략을 생각하고 실천해야 한다.

최근 경쟁이 심화된 셰어하우스 시장에서 살아남는 가장 기본적인 방법은 적은 투자비용을 들여 운용하는 것이다. 경쟁이 심화될수록 결국엔 저렴한 월세로 공급해야 살아남기 때문이다. 일반적으로 투자비용에는 주택구입 비용, 리모델링 및 인테리어 비용, 임대차 계약으로 운영 시 임차보증금 및 월세가 포함된다. 따라서 이들 비용을 최소화할수록 셰어하우스 운영 수익률은 극대화된다. 특히 주택을 매매해서 셰어하우스를 운영한다면 최대한 저렴하게 사는 것이 중요하다. 하지만 서울에서 셰어하우스 운영을 위한 주택을 싼 가격에 매입하기란 쉽지 않다. 그러면 조금 오래된 주택을 저렴하게 구입해서 깔끔하게 리모델링하는 방법이 있다. 무조건 싸게만 집을 사라는 말이 아니다. 기본적으로 매매가격 외에도 좋은 입지 조건을 갖추어야 한다.

나는 상대적으로 저렴한 반지하 빌라를 매입해 셰어하우스로 운영했다. 아직까지 반지하에 대한 편견이 있다. 실제로 집을 보러 온 사람들 중에는 반지하라는 이유만으로 꺼리는 사람도 있었다. 사실 나도 반지하라고 하면 열악한 환경을 떠올리던 사람이었지만 실제로 살아보니 반지하도 장점이 많다. 여름에는 시원하고 겨울에는 따뜻하다. 더운 여름날 외출 후 집에 들어오면 공기가 시원해서 놀란 적이 있다. 겨울에는 따뜻하고 아늑한 느낌이 든다. 또 한 가지 장점은 층간 소음을 신경 쓸 필요가 거의 없다는 점이다. 반지하는 아랫집이 없기 때문에 조금 과격하게 활동하거나 문을 여닫아도 아래층에서 항의가 들어올 일이 없다. 물론 집집마다 처한 환경은 모두 다르겠지만 내가 살아본 반지하는 생각보다 신경 쓸 일이 적고 편했다.

주택을 매매해서 셰어하우스를 운영할 경우, 규모의 경제 속성을 갖는 셰어하우스의 특성상 대형 평형의 집 또는 여러 층이 있는 단독주택은 운영 수익률을 극대화하는 방법이 될 수 있다. 전대차 계약을 통한 셰어하우스 운영도 수익률 극대화에 도움을 준다. 성공적으로 운영하면 시작 후 1년이 되지 않아 투자금 전액을 회수할 수도 있다. 따라서 수익률을 위해서라면 무리해서 주택을 구입할 이유가 없다.

리모델링 및 인테리어 비용 절감도 운영 수익률을 높이는 좋은 방법이다. 리모델링은 기존의 낡고 불편한 건축물을 증축, 개축, 대수선 등을 통해 건축물의 기능을 향상시키거나 수명을 연장하여 부동산의 경제효과를 높이는 방법이다. 인테리어는 리모델링에 포함되는 개념으로 실내를 장식하는 일 또는 실내장식 용품을 의미한다. 실내 인테리어보다는 리모델링 비용이 더 높다. 따라서 집 계약 시 하자가 없는지 잘 확인하고, 쉬운 작업들은 셀프인테리어를 통해 진행하면 비용을 크게 줄일 수 있다.

최근 정부도 청년 주택문제의 심각성을 인지하고 이 문제를 해결하기 위해 대안을 내놓고 있다. 그 대표적인 모델이 셰어하우스다. 아직까지 국내에서 셰어하우스라는 개념은 생소하지만 몇 년 전부터 부동산 임대 시장의 틈새 전략으로 일반 임대보다 최소 2배 이상의 수익이 가능한 셰어하우스에 대한 관심이 커지고 있다. 건설사들이 기업형 임대주택 일부를 셰어하우스로 운영하는 방안을 검토했으며 증권사도 부동산 펀드를 조성해 셰어하우스를 사들이는 방식을 고려하고 있다. 하나금융그룹이 출자한 HN주택임대관리는 성남 복정동의 다세대 주택을 셰어하우스로 운영하고 있는데 연 수익률이 8%에 달한다.

아직까지 셰어하우스가 적극적으로 도입되기에는 수요가 제한적인 면도 있지만, 청년 거주 등 현실적인 문제를 해결할 수 있는 대안으로 주목 받는 것은 분명한 사실이다. 정부에서 추진하는 부동산 임대분야의 시스템을 통해 부동산 시장의 새로운 패러다임으로 각광 받는 셰어하우스의 국내 현황을 살펴보자.

대한민국 부동산 임대 시장의
뉴 패러다임으로 떠오르고 있는 셰어하우스의 현주소
—

2017년 6월 29일 국토교통부와 LH 등에 따르면 현 정부의 부동산 주요 정책인 '공적 임대주택 85만 가구 공급' 달성을 위해 청년들이 저렴하게 빌릴 수 있도록 사회임대주택의 공급을 늘리기로 했다. 이를 위해 공공기관이 협동조합과 사회적 기업 등에 토지를 장기임대해 주거나 주택도시기금 및 리모델링 비용을 지원할 방침이라고 밝혔다. 문재인 대통령은 지난 대선 공약에서 매년 17만 가구 공공임대주택을 공급한다고 밝힌 바 있다. 하지만 현재 LH공사, SH공사 등 공기업의 지원만으로는 이를 달성하는 데 현실적인 어려움이 있다.

정부에서 지원하는 셰어하우스 관련 사업으로는 무엇이 있을까? 최근 정부와 지자체는 주거불안을 해소하기 위한 방법으로 새로운 임대주택안을 제시한다. 여기서 특히 그 중심이 되는 것이 뉴스테이와 따복하우스이다.

뉴스테이

뉴스테이는 주거안정을 위해 정부가 건설을 추진 중인 기업형 임대주택이다. 뉴스테이를 시행하는 사업자는 정부로부터 택지할인, 인허가 특례 등의 지원을 받는 대신 입주자에게 최소 8년의 거주기간을 보장하는 의무를 진다. 이때 임대료 상승률은 연 5% 이하로 제한된다. 뉴스테이 시공은 민간 건설업체가 담당하고 건물을 운영하고 관리하는 일은 한국토지주택공사가 설립한 리츠(REITs : 부동산투자회사)가 맡아서 한다. 2015년 12월 29일부터 시행되고 있는 '민간 임대주택에 관한 특별법'에 따라 뉴스테이 고급 촉진지구로 지정된 곳에서는 취득세, 재산세, 법인세 감면 등의 혜택을 받는다. 공공임대와 달리 주택의 규모와 입주 자격에 제한이 없다는 특징이 있다.

뉴스테이는 전세 공급이 줄고 월세가 증가하자 중산층의 주거안정을 위해서 2015년부터 정부가 추진하고 있는 정책이다. 즉 목적은 결국 주거안정이다. 셰어하우스의 목적 역시 주거안정이다. 단 셰어하우스는 조금 더 경제력이 약한 젊은 세대를 위한 대책으로써의 의미가 뉴스테이 사업보다 더 크다. 이러한 뉴스테이는 민간 건설업체가 첫 선을 보인 2015년부터 현재까지 1만 8000여 가구가 공급되었으며 '100% 계약률'이라는 성과를 기록했다.

뉴스테이 사업분야에는 셰어하우스도 포함되어 있다. 셰어하우스는 시범적으로 운영할 계획이다. 그러나 기 분양된 뉴스테이 평균 임대료는 보증금 1000만원에 월세는 70만원에서 110만원에 달할 것으로 예상되어 중산층도 입주하기가 어렵다는 비판도 있다. 따라서 개인이 소규모로 운영하는 셰어하우스 시장은 향후 몇 년간은 가격경쟁력에 있어 우위에 있을 가능성이 크다. 표면적으로만 보면 셰어하우스가 포화시장이 되어가는 것이 아닌가 우려할 수 있지만 실질적으로는 그렇지 않다. 따라서 현재 정부에서도 적극적으로 추진하고 있는 사업인 셰어하우스의 전망을 비관적으로 생각할 필요는 없다. 앞서 언급한 대로 향후 5년간은 부동산 틈새시장으로써의 매력을 유지하며 경쟁력을 잃지 않을 것으로 보인다.

리모델링형 사회주택

2017년 서울시는 낡은 고시원, 여관, 모텔, 빈사무실 등 이른바 비
(非)주택시설을 셰어하우스 또는 원룸형 주택으로 리모델링해 청년 1
인가구 등 주거약자에게 임대료를 최장 6~10년간 주변시세의 80%
이하로 저렴하게 공급하는 '리모델링형 사회주택'을 총 290호 공급
하기로 했다.

리모델링형 사회주택이란 최근 경기 침체와 건물 노후화로 공실
률이 높아지자, 이 문제로 고민하는 건물주와 저렴하고 안정적인 집
을 찾는 청년 주거빈곤층을 위해 민관협업방식으로 시행하는 사업
이다. 사회적 기업, 비영리법인, 주택협동조합 등이 사업자가 되어
지은 지 20년 이상 된 건물을 매입 및 임대 후 리모델링을 시행하고
SH공사를 통해 입주자를 모집하고 주택을 공급한다. 특히 그 동안
열악한 주거의 상징이었던 고시원은 리모델링을 통해 셰어하우스로
전환할 계획이다. 자세한 내용은 서울주택도시공사 홈페이지
(www.i-sh.co.kr)에서 확인할 수 있다.

따복하우스

따복하우스는 정부가 공동체를 활성화하고 청년층 및 신혼가구 등
의 전용공간을 확대하는 등 경기도에서 시행하고 있는 경기도형 행

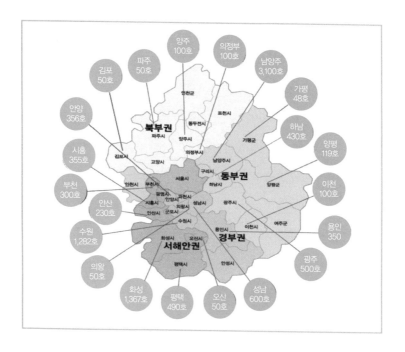

복주택이다. 경기도 시공사가 직접 시행하며 민간사업자가 공동참
여방식으로 공유지에 조성되는 형태이다. 임대보증금과 월세는 주
변시세의 60%선으로 비교적 저렴하게 책정할 계획이다. 임대보증
금의 대출이자를 기본 40%까지 지원한다.

이러한 따복하우스는 청년층 주거안정을 위해 2020년까지 경기
도 지역에 1만 호를 공급할 예정이다. 세부적으로 살펴보면 신혼부
부에게 5000가구, 사회초년생, 대학생, 산업단지 근로자에 3000가
구, 주거약자 등에 2000가구를 공급할 계획이다. 광교 지역을 시작
으로 안양 관양, 화정 진향 등 총 4곳 291호에 대해 입주자를 모집

할 계획이다. 따복하우스의 2017년도 계획은 무주택 서민가구에 총 4만 1000가구가 공급될 계획이다. 특히 청년과 대학생들의 주거부담 해소를 위해 약 70가구의 셰어하우스도 시범 공급할 예정이다. 따복하우스 사업은 2017년 말까지 사업계획 승인을 모두 완료할 예정이다.

따복하우스의 입주 조건은 무주택자여야 하고 소득조건 그리고 지역 거주여건 등이 모두 충족되어야 한다. 따라서 소득수준이나 주택소유 여부와 상관없이 누구나 청약이 가능한 뉴스테이와 달리 입주조건이 까다로운 편이다. 따복하우스는 전용 16~44제곱미터의 원룸 혹은 투룸형으로 자녀와 함께 생활하기에는 공간이 부족하다는 의견도 있다.

이 두 주택의 공통점은 모두 장기계약에 기반하고 있고 저렴한 임대료와 주거안정성을 강화한 임대주택이라는 점이다. 하지만 따복하우스는 저소득층에 초점을 맞춘 공공임대주택이고 뉴스테이는 중산층의 주거안정을 위한 기업형 임대주택이라는 차이점이 있다. 공급주체와 대상계층, 계약조건, 입지 등의 세밀한 부분에서도 차이점이 있다.

확실한 것은 이들 사업 모두 초기단계라는 점이다. 아직은 공급량이나 세부 시스템에 있어 아쉬운 부분은 있지만 모두 주거문제를 해결하기 위한 대안으로서 의미가 크다고 할 수 있다.

지금까지 거시적인 관점에서 셰어하우스 시장의 현주소를 살펴보았다. 확실한 것은 정부에서도 셰어하우스를 적극 지원하는 자세라는 점이다. 하지만 이들 사업은 개인이 운영하는 셰어하우스와 비교했을 때 입주자 선정 조건이 까다로우며, 고민 없이 입주하기에는 아직 보증금과 월세금액이 개인이 운영하는 셰어하우스를 따라잡기 힘들다고 전망된다.

최근 정부에서는 서민층을 위한 사회임대주택을 늘리기 위해 적극적인 대책을 마련해야 한다고 역설했다. 기존LH 및 SH공사 등 공기업 지원만으로는 한계가 있으므로 기존 정부 주도의 획일적인 임대주택 공급보다는 민간과 지방자치단체 등의 적극적 참여를 이끌어낼 수 있는 다양한 방안을 강구해야 한다는 입장이다. 사회적 기업이나 협동조합 등 비영리 단체가 사회적 임대인이 되어 저렴한 비용의 장기임대주택을 공급할 수 있도록 지원하자는 것이다.

따라서 이러한 거시적인 흐름을 단순히 경쟁으로 생각하기보다 부동산 시장의 패러다임 전환기로 생각하고 진행해 나가는 자세가 중요하다. 앞으로 셰어하우스 분야와 관련해 어떤 정부정책과 시스템이 마련될지는 모르지만 셰어하우스 시장 전망은 밝다. 따라서 셰어하우스 운영을 꿈꾸는 예비 운영자와 현재 셰어하우스를 운영하고 있는 운영자 모두 자신감을 가지고 지속 가능한 셰어하우스 사업을 위해 노력하길 바란다.

아픔을 승화하면 걸작이 된다

지금까지 아직까지는 국내에서 생소한 개념인 셰어하우스 분야에 대해 미시적, 거시적 차원에서 자세히 알아보았다. 특히 내가 현재 홍대와 강남지역에서 운영하고 있는 셰어하우스 1호점부터 4호점까지 인테리어 과정과 운영 노하우에 대해서도 빠짐없이 상세하게 소개했다. 그리고 더 나아가 이제는 부동산 임대 시장에서 새로운 패러다임으로 떠오르고 있는 셰어하우스의 국내 현주소에 대해서도 살펴보았다.

글을 마무리하는 이 순간에도 그 동안 진행했던 인테리어 과정을 떠올리면 마음이 아프기도 하고 뿌듯하기도 하다. 부동산에 대한 지식이 거의 전무한 상태에서 셰어하우스를 시작했고 그래서 안되면 되게 하리라는 해병대 정신으로 임했다. 가끔은 사람들에게서 상처를 받기도 했고 배신감을 느끼기도 했다. 그 순간에는 세상에 나 홀로 남겨진 것처럼 고독감에 휩싸였고 눈물을 흘리기도 했다. 하지만 아픔이 있어 성장할 수가 있었다고 생각한다. 아픔은 안 좋은 것이 아니라 가장 빠르게 성장할 수 있는 자극이라고 생각한다. 일종의 성장통인 것이다. 이렇게 말하기까지 많이 넘어졌고 또다시 일어났다.

내가 대학생이던 시절 취업난에 힘들었던 기억이 난다. 대부분 같은 과 친구들은 취업 아니면 공무원 등 시험준비를 했다. 하지만 지금은 내가 대학생이던 시절보다 더 힘든 상황이다. 지금 대학생들은 신입생일 때부터 취업준비를 한다. 대학에 입학하면 마음 놓고 하루하루 신나게 새로운 경험을 할거라고 생각하지만 현실은 그렇지 않다. 도서관은 늘 취업과 시험준비를 하는 학생들로 가득하다. 갈수록 거세지는 공무원시험 열풍은 대안이 많지 않은 현실을 반증하는 것 같아 씁쓸하기도 하다. 제도권 안에서 열심히 꿈을 꾸며 공부를 했고 사회초년생이 되었지만 아직도 자신의 꿈이 무엇인지 확신을 못한다. 혹은 꿈이 있더라도 혹시나 그 꿈이 제대로 서지 못하고 상처를 받을까 두려워하기도 한다. 이는 단순히 청년들만의 잘못이거나 무조건 스스로 해결해야 하는 문제는 아니라고 생각한다. 청년들의 꿈과 다양성이 힘을 낼 수 있도록 사회적 시스템이 뒷받침되어야 한다고 생각한다. 지금은 구체적으로 어떤 활동을 하면 좋을지 모르겠지만 나도 앞으로 청년들에게 힘을 주는 멘토가 되고 싶다.

비단 청년들만 힘든 게 아니다. 능력 있고 성실한 직장인들도 언젠가는 퇴직을 한다. 새로운 인생을 시작하기 위해 퇴사를 하기도 하고 정년까지 마치고 퇴직을 하는 분들도 있다. 시간이 가면 갈수록 안정과 정답은 없어지는 것 같다. 그러면서 점점 혼란스러워지기도 한다. 대학생 시절에는 취업만 하면 그대로 자신감을 가지고 뭐든지 할 수 있을 것 같지만 막상 직장인이 되면 직장인 신분에서 또 다른 고민을 하게 된다. 그리고 이 고민은 퇴직 후에도 이어진다. 나도 그렇다. 항상 고민과 선택의 연속인 것이다. 경쟁은 점점 심해지고 생존을 위해 너도 나도 자기개발에 열중한다. 그 과정에서 여러 새로운 방법을 알아내고 용기를 내어 시작한다. 여기서 찾은 새로운 방법 중에 부동산이란 주제는 거의 빠지지 않는다. 특히 한국에서 부동산은 곧 부자가 되는 지름길이라는 생각이 강하다. 심지어 초등학생들 조차 장래희망이 건물주라고 하니 한국의 부동산에 대한 관심은 남녀노소 가릴 것 없이 뜨겁다. 하지만 부동산 분야도 예전만큼 핫 하지만은 않다.

지난 몇 년 간 우리나라는 낮은 금리를 유지했다. 대출 규제도 높지 않아 대부분 사람들은 대출을 통해 내 집 마련을 하기도 하고 투자활동을 하기도 했다. 하지만 최근 조금씩 금리인상이 진행되고 있고 대출규제도 점점 심화되고 있다. 지금도 부동산과 관련해 많은 추측들이 쏟아져 나오고 있다. 하지만 확실한 것은 안정적인 고수익을 얻는 영역은 거의 없다는 것이다.

이런 분위기 속에서 사람들은 고수익을 낼 수 있는 영역을 찾는다. 주식, 부동산, 은행, 보험등을 알아보고 투자를 시도한다. 하지만 대부분 외부환경의 영역을 많이 받거나 기준이 선명해 고수익을 올리기가 좀처럼 쉽지 않은 것이 사실이다. 이런 분위기 속에서 셰어하우스는 훌륭한 대안이 된다. 본인이 사는 집을 리모델링 해서 셰어하우스로 운영할 경우 몇 백 만원으로도 사실상 찾아보기 힘든 큰 수익률을 얻을 수 있다. 뿐만 아니라 셰어하우스의 존재 자체가 갖는 의미도 아름답다. 경제력이 어려운 대학생과 사회초년생들에게 저렴한 비용으로 쾌적한 주거환경을 제공한다. 즉 임차인과 임대인 쌍방이 win-win하는 선 순환 시스템인 셈이다. 나의 경우에도 사실 고수익률 보다는 함께 행복하게 지내는 입주자들을 보면서 정말 큰 보람을 느낀다. 왜 이제서야 이 분야를 알게 되었을까 싶을 정도로 하루하루가 의미 있고 행복하다. 의식주는 행복을 위해 기본적으로 사람들에게 꼭 필요한 사항이다. 셰어하우스는 이중 '주' 를 담당한다. 지치고 힘든 하루 끝에 돌아오는 곳은 집이다. 집은 휴식하는 공간이자 치유하는 공간이다. 누군가에겐 감당하기 힘든 슬픔을 놓을 수 있는 유일한 공간이기도 하고 다른 누군가에겐 다른 사람들 눈을 의식하지 않고 편하게 쉬는 공간이기도 하다. 그만큼 집이 사람들의 삶에 미치는 영향은 크다고 생각한다. 나의 꿈은 힘든 세상이지만 조금이라도 살아갈 힘을 주는 셰어하우스를 만드는 것이다. 셰어하우스를 통해 조금이라도 함께 거주하시는 분들이 힘을 내고 희망을 가졌으면 하는 마음이다. 이게 내가 셰어하우스를 통해 이루고 싶은 꿈이다.

사실 나의 사례를 책을 통해 소개하는 것에 대해 고민을 한 적도 있었다. 왜냐하면 다른 분들이 생각하는 기준과 내 기준과 충분히 차이가 있을 수 있기 때문이다. 예를 들면 셰어하우스의 가장 큰 특징인 모르는 사람과 함께 사는 게 어떻게 가능하냐? 고 반문하는 분들도 있을 수 있다. 그리고 수익률이나 인테리어디자인의 경우 사람마다 만족하는 수준이 다를 수 있다. 실제로 다른 분들의 경우 훨씬 더 높은 수익률과 인테리어 디자인을 자랑할 수 있다. 단 내가 책을 통해 나의 사례를 자세히 소개하는 이유는 셰어하우스 사업이 내가 생각했던 것 이상으로 의미 있고 훌륭한 영역이기 때문이다.

단순히 나의 수익률과 인테리어를 자랑하려는 목적으로 쓴 것이 아니다. 나의 사례를 사실 참고사항일 뿐이다. 나의 사례를 통해 더 좋은 셰어하우스가 많이 생기고 더 좋은 수익률을 달성하면 나로서는 보람이 있다. 주변 분들은 이렇게 상세하게 책을 통해 밝히면 경쟁자들 많이 생겨서 힘들어지는 게 아니냐고 묻기도 했다. 하지만 이 세상에 경쟁이 없는 영역은 없다. 지금 당장 없다고 생각하는 분야도 결국은 경쟁을 하게 된다. 그리고 경쟁을 통해 질 좋은 서비스를 이끌어낼 수 있다. 그래야 세상도 밝아지고 이로워진다고 생각한다.

그리고 마지막으로 힘든 시기를 살아가는 분들에게 하고 싶은 말이 있다. 그것은 바로 좋은 일과 나쁜 일은 따로 있는 게 아니라는 것이다. 모든 일들은 자신의 성장을 위해 필요한 자극들이다. 아프고 힘든 일들은 자신을 작품으로 만들기 위한 과정이라고 생각한다. 즉 아픔을 승화하면 걸작이 된다. 그러니 지금은 괴롭고 힘들더라도 이런 믿음으로 하루하루를 보낸다면 분명 걸작이 된 자신의 모습을 보게 될 거라고 생각한다.

나의 꿈은 세상을 밝게 하는 사회적 기업가가 되는 것이다. 비록 세상을 바꾸기에 미약한 활동일수도 있지만 나를 만나는 한 사람 한 사람이 힘들 때 힘을 내고 기운을 내고 행복해질 수 있다면 그것만큼 보람 있는 활동도 없을 것 같다. 작게는 현재 내가 운영하는 셰어하우스 입주자들이 진심으로 하루하루를 기분 좋게 시작하고 마무리하길 바란다. 또한 가끔 지치고 힘든 현실을 마주하더라도 가끔은 울더라도 좌절하지 않기를 진심으로 바란다. 나는 셰어하우스라는 공동체를 통해 사람들에게 밝은 기운을 주는 사람이 되고 싶다. 그것이 이번 내 삶에서 이루고 싶은 소명이자 꿈이다.